J新書 09

超速で基本英文法を総復習できる
魔法の英文法

文法ルール100

成重 寿
Narishige Hisashi

入江 泉
Irie Izumi

Jリサーチ出版

はじめに

英文法のすべてを詰め込んだ魔法のパッケージ

　英文法をやり直したい。もう一度整理してしっかり覚えたい。うろ覚えの項目をチェックしたい。使える例文で覚えたい。

　英文法について、多くの人がこうした望みを持っているのではないでしょうか。しかし、大人になれば、今さら高校時代の参考書は使いづらいし、大人用の本は焦点が絞れていなかったり、分厚すぎて読むのが大変だったりするものです。

　本書はそんな英文法やり直し派のご要望に応えるべく、できるかぎり少ない紙面に、すべての文法項目を盛り込んだ、シンプルかつ欲張りな１冊です。

　60のユニットに、５文型から時制、不定詞、動名詞、仮定法、関係詞まで、中学・高校で学ぶ文法事項をすべて入れ込みました。この１冊に、英文法の基本的なしくみはすべて網羅されています。

　文法事項の解説はできるかぎりシンプルにわかりやすくしました。また、「基本例文」を使って、ひと目で文法のしくみがわかるようなビジュアル解説をほどこしているので、文章だけの解説よりもぐんと理解しやすくなっています。

「使える」例文で覚えられる

例文は314本収録されていますが、この314本の中に文法事項をすべて埋め込みました。一度読み終わったら、例文を読んだり、CDで聞いたりするだけで、総復習ができます。

また、例文は文法書にありがちな、文法解説のためだけの不自然な英文を避け、そのまま会話やメールで使える実用的なものを収録しました。例文はすべて、大人の日常生活や社会生活に即したものです。

文法用語は整理して理解していなかったり、また難しそうだと抵抗を覚えたりする人も多いでしょう。本書では、初出の文法用語にはふりがなをつけ、巻末に索引を収録しています。また、基本的な用語はコラムで解説しました。

本書は小さいけれど、英文法においては必要十分、例文も使えるという、いわば魔法のパッケージです。

最初から順番に読むこともできますし、忘れてしまったところだけをピックアップして読むことも可能です。ご自身のニーズに合わせて自由にご利用ください。

この本が、読者の方々の英文法学習の一助となり、英語力のレベルアップに少しでも役に立つなら、これ以上嬉しいことはありません。

2010年3月　著者一同

CONTENTS

はじめに……………………………………………………………… 2
魔法の英文法ルール………………………………………………… 8
本書の利用法………………………………………………………… 14

第1部

第1章 文のしくみと5つの文型
- **UNIT 1** 文のしくみと要素………………………………… 18
- **UNIT 2** 自動詞と他動詞……………………………………… 20
- **UNIT 3** S＋V／S＋V＋C…………………………………… 22
- **UNIT 4** S＋V＋O…………………………………………… 24
- **UNIT 5** S＋V＋O_1＋O_2／S＋V＋O＋C……………… 26

第2章 時制
- **UNIT 6** 現在時制……………………………………………… 28
- **UNIT 7** 未来時制……………………………………………… 30
- **UNIT 8** 過去時制……………………………………………… 32
- **UNIT 9** 進行形………………………………………………… 34
- **UNIT 10** 完了形………………………………………………… 36

第3章 疑問文
- **UNIT 11** be動詞・一般動詞の疑問文………………………… 38
- **UNIT 12** 疑問詞疑問文① What・Which・Who・Whose… 40
- **UNIT 13** 疑問詞疑問文② When・Where・Why………… 42
- **UNIT 14** 疑問詞疑問文③ How……………………………… 44
- **UNIT 15** 疑問文の応用………………………………………… 46

- **Quick Review 1** ……………………………………………………… 48
  - 正解と解説 ………………………………………………………… 52
- **Column 1**：品詞と句・節 ……………………………………………… 56

第2部

第4章 助動詞
- **UNIT 16** 助動詞 can …………………………………………… 58
- **UNIT 17** 助動詞 may …………………………………………… 60
- **UNIT 18** 助動詞 must / have to ……………………………… 62
- **UNIT 19** 助動詞 should / shall ……………………………… 64
- **UNIT 20** その他の助動詞 ……………………………………… 66

第5章 代名詞
- **UNIT 21** 人称代名詞① 主格・所有格・目的格 ……………… 68
- **UNIT 22** 人称代名詞② 所有代名詞・再帰代名詞 …………… 70
- **UNIT 23** 指示代名詞 ……………………………………………… 72
- **UNIT 24** 不定代名詞 ……………………………………………… 74
- **UNIT 25** it の用法 ……………………………………………… 76

第6章 冠詞・前置詞・接続詞
- **UNIT 26** 名詞と冠詞 ……………………………………………… 78
- **UNIT 27** 前置詞① 基本用法 …………………………………… 80
- **UNIT 28** 前置詞② 熟語をつくる前置詞 ……………………… 82
- **UNIT 29** 等位接続詞 ……………………………………………… 84
- **UNIT 30** 従位接続詞 ……………………………………………… 86

- **Quick Review 2** ……………………………………………………… 88
  - 正解と解説 ………………………………………………………… 92
- **Column 2**：会話で必須の文法〈助動詞 + have + 過去分詞〉 ………… 96

第3部

第7章 不定詞
- **UNIT 31** to 不定詞① 名詞的用法 ……………………………… **98**
- **UNIT 32** to 不定詞② 形容詞的用法 ……………………………… **100**
- **UNIT 33** to 不定詞③ 副詞的用法 ……………………………… **102**
- **UNIT 34** to 不定詞を使った構文 ……………………………… **104**
- **UNIT 35** 原形不定詞・完了不定詞 ……………………………… **106**

第8章 動名詞・受動態・命令文
- **UNIT 36** 動名詞 ……………………………… **108**
- **UNIT 37** 動名詞・to 不定詞を目的語にとる動詞 ……………………………… **110**
- **UNIT 38** 受動態と能動態 ……………………………… **112**
- **UNIT 39** 受動態の用法 ……………………………… **114**
- **UNIT 40** 命令文 ……………………………… **116**

第9章 分詞・使役動詞・知覚動詞
- **UNIT 41** 現在分詞 ……………………………… **118**
- **UNIT 42** 過去分詞 ……………………………… **120**
- **UNIT 43** 分詞構文 ……………………………… **122**
- **UNIT 44** 使役動詞 ……………………………… **124**
- **UNIT 45** 知覚動詞 ……………………………… **126**

- ● **Quick Review 3** ……………………………… **128**
  正解と解説 ……………………………… **132**
- ● **Column 3**：感情表現 ……………………………… **136**

第4部

第10章 形容詞・副詞・比較
- UNIT 46 形容詞① 限定用法と叙述用法 ……………………138
- UNIT 47 形容詞② さまざまな形容詞 ……………………140
- UNIT 48 副詞 …………………………………………………142
- UNIT 49 比較級・最上級 ……………………………………144
- UNIT 50 同等比較・比較の構文 ……………………………146

第11章 仮定法・時制の一致
- UNIT 51 仮定法過去 …………………………………………148
- UNIT 52 仮定法過去完了・仮定法現在 ……………………150
- UNIT 53 仮定法を用いた構文 ………………………………152
- UNIT 54 if のない仮定法 ……………………………………154
- UNIT 55 時制の一致 …………………………………………156

第12章 関係詞
- UNIT 56 関係代名詞① 主格 ………………………………158
- UNIT 57 関係代名詞② 目的格・所有格 …………………160
- UNIT 58 関係副詞 ……………………………………………162
- UNIT 59 制限用法と非制限用法 ……………………………164
- UNIT 60 関係詞の省略・複合関係詞 ………………………166

- ● Quick Review 4 ………………………………………………168
  正解と解説 ……………………………………………………172
- ● Column 4：会話に便利な関係詞 …………………………176

巻末表現集 ………………………………………………………177
魔法の英文法ルール100 …………………………………………185
文法用語索引 ……………………………………………………197

やり直し派も、総復習派も、だれでもしっかり身につく
魔法の英文法ルール

◆ 英文法はやさしい！

　英文法は英語による意思疎通の共通ルールです。英語を使いこなすためには、この共通ルールをしっかり身につけておかなければなりません。

　リスニング、スピーキング、リーディング、ライティングという４つの技能も、共通のルールの上に成り立ちますから、英文法の基礎がしっかりしていないと、テレビを見たり、会話を楽しんだり、新聞を読んだり、メールを書いたりすることもできないのです。

　英語を使いこなすためには、英文法の学習は欠かせません。しかし、英文法は決して、複雑なものでも、難しいものでもありません。

英文法と４つの技能

リーディング　リスニング　ライティング　スピーキング

▼　▼　▼　▼

英　文　法

✦ 実用文法と試験文法は違う

英文法が難しく感じられるのは、日本における大いなる誤解に由来します。日本では、英文法と言うと、どうしても学校の定期テストや入学試験、TOEICや英検などの資格試験とイメージが結びついているのではないでしょうか。

そのため、難しい、複雑だという先入観が刷り込まれてしまっているのです。ですが、試験に出る英文法は試験文法とも言うべきもので、出題されるのは、だれでも解答できる基本ばかりでなく、応用的な事項であったり、例外的な事項であったりします。試験は受験者の得点に差をつけるのが目的なので、受験者全員が答えられる問題ばかりを出すこと自体がナンセンスで、これは致し方ないことです。

しかし、実際に英語を使うときには、基本的なルールが一番大切になります。基本的なものを最もよく使い、試験でターゲットにされる応用的な事項は使う頻度が少ないからです。

したがって、英文法を学習する心構えとしては、「基礎から応用へ」「使用頻度の高い事項から低い事項へ」という流れを念頭においてほしいと思います。

✦ 魔法のルール100で、英文法をまるごと制覇

本書に収録する文法の項目は中学・高校で学ぶほぼすべてをカバーしています。

そして、それら文法項目を覚えやすいように、100の魔法の英文法ルールとして集約して紹介しています。学習しやすいように配列にも工夫をしました。

第1部　文のしくみを理解する

「文のしくみと要素」→「5つの文型」→「時制」→「疑問文」

第2部　主要な品詞を理解する

「助動詞」→「代名詞」→「名詞と冠詞」→「前置詞」→「接続詞」

第3部　動詞の応用・態を理解する

「不定詞」→「動名詞」→「受動態」→「分詞」→「使役・知覚動詞」

第4部　修飾語・応用的な事項を理解する

「形容詞」→「副詞」→「比較」→「仮定法」→「関係詞」

　本書はコンパクトながら、英文法の全容を理解することができる内容になっています。

◆ 英文法の学習は短時間集中で！

　英文法の学習は、英語の専門家になるのでもないかぎり、長い時間をかけて、じっくり取り組む必要はありません。英文法の学習は短時間集中こそがベストです。

　そもそも英文法の学習にはそれほど時間はかかりません。本書に収録された魔法のルールを覚え、そのルールを組み込んだ例文を覚えるだけで、マスターできるのです。例文は各ルールにつき、最低1つ覚えればいいでしょう。

　1つのルールを理解して、例文を覚えるのに、どれくらいの時間がかかるでしょうか。1ルール＝10分とすると、本書には全部で100のルールがありますから、10分×100ルール＝約16時間で完了できることになります。1日の学習時間を1時間とすれば、2週間程度

でマスター可能ということです。

　ただ、実際に本書を手に取った方は、中学・高校で一通り英文法を勉強した方も多いと思います。そうしたやり直し派の方なら、忘れてしまった項目、しっかり覚えていない項目をピックアップして学習すればいいわけですから、学習時間はさらに短縮できるはずです。

英文法学習の3つのステップ

Step 1　ルールを理解する
　英文法のルールをしっかり理解しましょう。本書の各 UNIT では重要ポイントを「ルール」マークで示し、簡潔に説明しています。イメージで理解できるように、「基本例文」に即して説明をほどこしました。

Step 2　例文を最低1つは覚える
　ルールは例文で覚えるとしっかり身につき、応用も効くようになります。本書ではさまざまなバリエーションも示していますが、すべて覚える必要はありません。必要なものをピックアップして覚えてください。

Step 3　自然に使えるようにする
　英文法のルールは、英語を話したり、聞いたり、読んだり、書いたりするなかで定着していきます。せっかく覚えたのだから、しっかり使ってあげましょう。忘れたら、もう一度本書に戻って確認しましょう。

✦ 使ってこそ価値がある

　英文法は覚えただけでは意味がありません。単語や表現を組み込んで使ってはじめて生きてきます。英文法は骨格であり、単語や表現が血肉だと言うこともできるでしょう。身につけた英文法のルールは、話す、聞く、読む、書くことによって活用してあげましょう。

　本書には、英文法のルールを組み込んだ314本の例文が収録されています。例文は短く、かつ実用性が高いという観点で、ネイティブスピーカーの助力を借りて作成したものです。そのまま会話やメールに使える例文もありますし、使う状況に応じて少しアレンジする（単語や表現を組み換える）だけで応用できる例文もたくさんあります。

　例文はすべてCDに収録されているので、CDを聞くだけでも英文法の総復習ができます。

　英会話の練習をしたいという人は、CDを聞きながら、例文を自分でも言ってみるという学習法をお勧めします。シャドーイングという方法ですが、発話力を高めるのにとても効果的です。例文は短いものが多いので、比較的簡単にできると思います。

イントロダクション

例文の応用例

UNIT 32：to 不定詞の形容詞的用法

収録例文

There are many places to visit in Kyoto.
（京都には訪れるべきたくさんの場所がある）

応用例 ①

There are many churches to visit in Paris.
（パリには訪れるべきたくさんの教会がある）

応用例 ②

There are many paintings to see in this museum.
（この美術館には見るべきたくさんの絵がある）

本書の利用法

本書は、中学、高校で学ぶほぼすべての英文法をわかりやすくまとめた1冊です。全UNITに100の魔法のルールがちりばめられています。

UNITはすべて見開きで構成されています。左ページで文法事項を詳しく解説し、右ページで文法項目を組み込んだ例文を紹介します。

重要ポイントには魔法のルールの表示があります。ルールは巻末に一覧にしてまとめてあります。

補足説明や応用的な事項は、「ここに注目!」「もっと知りたい!」のミニコラムで紹介します。

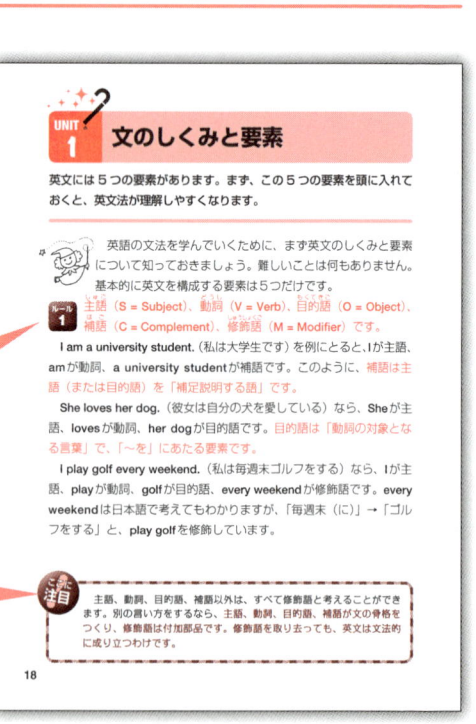

UNIT 1 文のしくみと要素

英文には5つの要素があります。まず、この5つの要素を頭に入れておくと、英文法が理解しやすくなります。

英語の文法を学んでいくために、まず英文のしくみと要素について知っておきましょう。難しいことは何もありません。
基本的に英文を構成する要素は5つだけです。

ルール1 主語(S = Subject)、動詞(V = Verb)、目的語(O = Object)、補語(C = Complement)、修飾語(M = Modifier)です。

I am a university student.（私は大学生です）を例にとると、I が主語、am が動詞、a university student が補語です。このように、補語は主語（または目的語）を「補足説明する語」です。

She loves her dog.（彼女は自分の犬を愛している）なら、She が主語、loves が動詞、her dog が目的語です。目的語は「動詞の対象となる言葉」で、「〜を」にあたる要素です。

I play golf every weekend.（私は毎週末ゴルフをする）なら、I が主語、play が動詞、golf が目的語、every weekend が修飾語です。every weekend は日本語で考えてもわかりますが、「毎週末（に）」→「ゴルフをする」と、play golf を修飾しています。

> **ここに注目** 主語、動詞、目的語、補語以外は、すべて修飾語と考えることができます。別の言い方をするなら、主語、動詞、目的語、補語が文の骨格をつくり、修飾語は付加部品です。修飾語を取り去っても、英文は文法的に成り立つわけです。

18

[CDの活用法]

CD 2 CDの前半には、各UNITと巻末表現集の例文（英文のみ）が収録されています。後半には、各UNITで紹介されている100の魔法のルールがまとめて収録されています。例文を覚えるために前半だけをくり返し聞くこともできますし、ルールを確認するために後半だけを通して聞くこともできます。自分の学習スタイルに合わせてCDをフル活用してください。

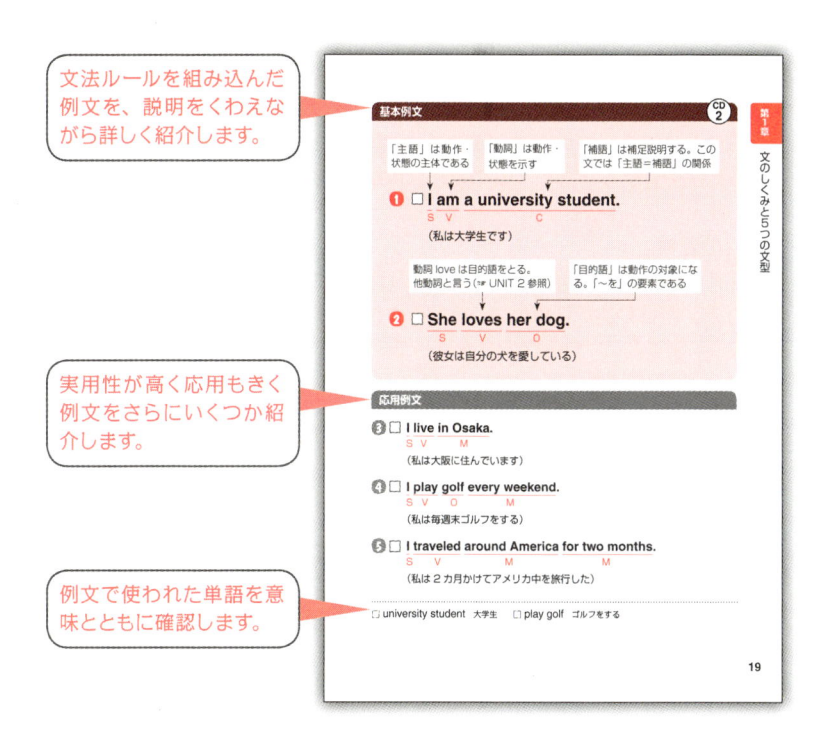

文法ルールを組み込んだ例文を、説明をくわえながら詳しく紹介します。

基本例文 (CD 2)

第1章 文のしくみと5つの文型

「主語」は動作・状態の主体である　　「動詞」は動作・状態を示す　　「補語」は補足説明する。この文では「主語＝補語」の関係

❶ □ **I am a university student.**
    S V   C
（私は大学生です）

動詞 love は目的語をとる。他動詞と言う（☞UNIT 2 参照）　　「目的語」は動作の対象になる。「〜を」の要素である

❷ □ **She loves her dog.**
    S   V   O
（彼女は自分の犬を愛している）

応用例文

❸ □ **I live in Osaka.**
   S V   M
（私は大阪に住んでいます）

❹ □ **I play golf every weekend.**
   S V   O   M
（私は毎週末ゴルフをする）

❺ □ **I traveled around America for two months.**
   S   V   M
（私は2カ月かけてアメリカ中を旅行した）

□ university student　大学生　　□ play golf　ゴルフをする

19

実用性が高く応用もきく例文をさらにいくつか紹介します。

例文で使われた単語を意味とともに確認します。

※本書の英文中で使われる（　）は省略可能の意味です。［　］および /（スラッシュ）は交換可能の意味です。

Quick Review　3章ごとに復習のエクササイズがあります。学習した文法が身についたかどうかを確認するためにトライしましょう。

Column 1　英語の品詞、英文法を会話に生かすヒント、感情表現など、重要ポイントをクローズアップしたコラムです。

巻末表現集　UNITの中では紹介しきれなかった重要な用法、熟語、相関語句を使った文を51文掲載しています。例文は、CDにも収録されています。

基本的な文法用語

本編に入る前に、まず英文の基本的な構成を知っておきましょう。英文のしくみを説明するのに、次のような用語が使われます。

● **文の要素**

英文には5つの要素があります。文の骨格をつくるのは、主語、動詞、目的語、補語です。修飾語はこれらを付加説明する語で、取り去っても文は成立します。これらの文の要素は1つの単語のことも、複数の単語で構成されることもあります。

主語（S = Subject） **動詞**（V = Verb） **目的語**（O = Object）
補語（C = Complement） **修飾語**（M = Modifier）

▶ **UNIT 1**（p.18）を参照

● **品詞**

英語には8つの品詞があります。品詞とは単語を機能・形態によって分類したものです。

名詞（noun） **代名詞**（pronoun） **動詞**（verb）
形容詞（adjective） **副詞**（adverb） **前置詞**（preposition）
接続詞（conjunction） **間投詞**（interjection）

冠詞（a, an / the）や my、some、that などの代名詞が名詞を限定するとき、これらを限定詞（determiner）と呼ぶことがあります。

▶ **Column 1**（p.56）を参照

● **句と節**

句（phrase）とは、2つ以上の語が集まって1つの品詞と同じ働きをする文の要素で、「主語+動詞」を含まないものです。

節（clause）とは、「主語+動詞」を含む文の要素です。

▶ **Column 1**（p.56）を参照

第1部

まず英文の要素としくみを理解して、
時制や疑問文のつくり方など、
基本的な事項を整理していきましょう。

第1章 **UNIT 1 〜 UNIT 5**
文のしくみと5つの文型

第2章 **UNIT 6 〜 UNIT 10**
時制

第3章 **UNIT 11 〜 UNIT 15**
疑問文

魔法の英文法
ルール 1 〜 ルール 25

UNIT 1 文のしくみと要素

英文には5つの要素があります。まず、この5つの要素を頭に入れておくと、英文法が理解しやすくなります。

英語の文法を学んでいくために、まず英文のしくみと要素について知っておきましょう。難しいことは何もありません。基本的に英文を構成する要素は5つだけです。

ルール1 主語（S = Subject）、動詞（V = Verb）、目的語（O = Object）、補語（C = Complement）、修飾語（M = Modifier）です。

I am a university student.（私は大学生です）を例にとると、I が主語、am が動詞、a university student が補語です。このように、補語は主語（または目的語）を「補足説明する語」です。

She loves her dog.（彼女は自分の犬を愛している）なら、She が主語、loves が動詞、her dog が目的語です。目的語は「動詞の対象となる言葉」で、「〜を」にあたる要素です。

I play golf every weekend.（私は毎週末ゴルフをする）なら、I が主語、play が動詞、golf が目的語、every weekend が修飾語です。every weekend は日本語で考えてもわかりますが、「毎週末（に）」→「ゴルフをする」と、play golf を修飾しています。

ここに注目

主語、動詞、目的語、補語以外は、すべて修飾語と考えることができます。別の言い方をするなら、主語、動詞、目的語、補語が文の骨格をつくり、修飾語は付加部品です。修飾語を取り去っても、英文は文法的に成り立つわけです。

基本例文

「主語」は動作・状態の主体である　　「動詞」は動作・状態を示す　　「補語」は補足説明する。この文では「主語＝補語」の関係

❶ ☐ I am a university student.
　　　S　V　　　　C

（私は大学生です）

動詞 love は目的語をとる。他動詞と言う（☞ UNIT 2 参照）　　「目的語」は動作の対象になる。「〜を」の要素である

❷ ☐ She loves her dog.
　　　S　　V　　　O

（彼女は自分の犬を愛している）

応用例文

❸ ☐ I live in Osaka.
　　　S　V　　M

（私は大阪に住んでいます）

❹ ☐ I play golf every weekend.
　　　S　V　　O　　　M

（私は毎週末ゴルフをする）

❺ ☐ I traveled around America for two months.
　　　S　　V　　　　M　　　　　　M

（私は2カ月かけてアメリカ中を旅行した）

☐ university student　大学生　　☐ play golf　ゴルフをする

第1章　文のしくみと5つの文型

UNIT 2 自動詞と他動詞

動詞には自動詞と他動詞があります。自動詞と他動詞の役割を知ると、5つの文型が簡単に理解できます。

英語の文法を学ぶとき、いちばん大切なのは動詞です。動詞がわかれば、すべての英文のしくみがわかります。

基礎となる5つの文型を理解するときも、動詞を軸に考えるとわかりやすいでしょう。

ルール2 動詞には大きく分けて2つの種類があります。目的語をとるものと、目的語をとらないものです。目的語を必要とする動詞を他動詞（transitive verb）、目的語を必要としない動詞を自動詞（intransitive verb）と呼んでいます。辞書などではそれぞれ、**vt**や**vi**と略記されています。

I have an electric car.（私は電気自動車をもっています）は an electric car という目的語をとるので、have は他動詞です。「～をもっている」というように、「～を」「～に」などの動詞の対象が直接続きます。一方、Finally I succeeded. は、succeeded が「成功した」という意味で、「～を」「～に」にあたる対象は直接続きません。つまり、自動詞です。「その事業に」と続けたい場合には、in the business と前置詞 in が必要です。

ここに注目 単純化すれば、すべての英文は他動詞系列か、自動詞系列のどちらかです。
第1文型　S＋V（自動詞）　　　　第3文型　S＋V（他動詞）＋O
第2文型　S＋V（自動詞）＋C　　第4文型　S＋V（他動詞）＋O＋O
　　　　　　　　　　　　　　　　　第5文型　S＋V（他動詞）＋O＋C

基本例文

〈他動詞の文〉

「他動詞」は他の人・物に動作が及ぶ

動作の対象となる「〜を」「〜に」などの目的語が必要

❶ ☐ I have an electric car. [第3文型 (S + V + O)]
　　　S　V　　　　O

（私は電気自動車をもっています）

〈自動詞の文〉

「自動詞」はそれだけで自立した動詞。目的語は不要

❷ ☐ Finally I succeeded. [第1文型 (S + V)]
　　　(M)　S　　V

（ついに私は成功した）

応用例文

❸ ☐ I slept well last night. [第1文型 (S + V)]
　　　S　V　(M)　(M)

（昨日の夜はよく眠れました）

❹ ☐ Kyoto is the former capital of Japan. [第2文型 (S + V + C)]
　　　S　V　　　　　C

（京都は昔の日本の首都です）

❺ ☐ I'll leave the office before seven. [第3文型 (S + V + O)]
　　　S　V　　O　　　(M)

（7時前にはオフィスを出ます）

☐ electric 形 電気の　　☐ finally 副 ついに　　☐ succeed 動 成功する
☐ former 形 以前の　　☐ capital 名 首都

第1章　文のしくみと5つの文型

UNIT 3 S + V / S + V + C

自動詞を使った文型をまず身につけましょう。補語をとらないのが第1文型、補語をとるのが第2文型です。

ルール3 自動詞を使うのは、第1文型（S + V）と第2文型（S + V + C）です。

代表的な自動詞には、be（ある）、go（行く）、come（来る）、arrive（到着する）、travel（旅行する）、complain（不平を言う）、apologize（詫びる）などがあります。

I arrived in New York in the evening.（私は夜にニューヨークに到着した）は、Iが主語、arrivedが動詞で＜S + V＞、つまり第1文型の文です。in New Yorkとin the eveningは修飾語で、それぞれarrivedを修飾しています。

ルール4 第2文型をつくる自動詞は限られていて、会話ではbe動詞が多くの場合、その役割を担います。他では、become（～の状態になる）、remain（～にとどまる）、sound（～のように聞こえる）、seem（～のように思える）、look（～のように見える）などです。

She became a famous pianist.（彼女は有名なピアニストになった）は、Sheが主語、becameが動詞、a famous pianistが補語で＜S + V + C＞という第2文型の文です。補語は前にも述べたように、補足説明をする語で、この場合、a famous pianistはSheの説明をしています。つまり、She = a famous pianistということです。第2文型では常に、S = Cの関係が成立します。

基本例文 〈CD 4〉

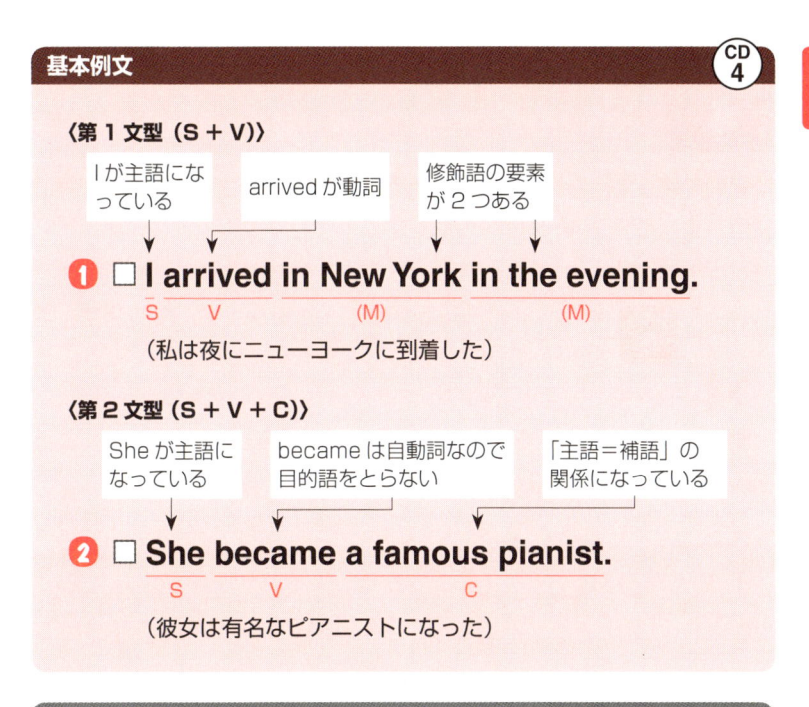

〈第1文型 (S + V)〉

- I が主語になっている
- arrived が動詞
- 修飾語の要素が2つある

❶ ☐ I arrived in New York in the evening.
　　　S　V　　　(M)　　　　(M)

（私は夜にニューヨークに到着した）

〈第2文型 (S + V + C)〉

- She が主語になっている
- became は自動詞なので目的語をとらない
- 「主語＝補語」の関係になっている

❷ ☐ She became a famous pianist.
　　　S　　V　　　　C

（彼女は有名なピアニストになった）

応用例文

❸ ☐ I'm from Fukuoka, Japan. [第1文型]
　　　S V　　　(M)

（私は日本の福岡出身です）

❹ ☐ That sounds great. [第2文型]
　　　S　　V　　　C

（それはすばらしそうですね）

❺ ☐ Today you look very happy. [第2文型]
　　　(M)　 S　V　　　C

（今日は君はとてもハッピーそうだね）

☐ famous 形 有名な　　☐ sound 動 〜のように聞こえる　　☐ look 動 〜のように見える

第1章　文のしくみと5つの文型

UNIT 4　S + V + O

他動詞を使う文型を見ていきましょう。目的語を1つだけとる文が第3文型です。＜S + V + O＞の形です。

> **ルール 5**　他動詞は目的語を伴って、機能が十全になります。他動詞を使う文型では、＜S + V + O＞が基本です。これを第3文型と呼んでいます。

　動詞の中ではこの第3文型をつくるものが数の上でも最も多く、英文の基本といってもさしつかえありません。

　基本的な動詞では、do（～をする）、see（～が見える；～に会う）、take（～を持っていく）、discuss（～を話し合う）、visit（～を訪問する）、marry（～と結婚する）、wear（～を身につけている）などです。

　なお、例文1のcatch a taxi（タクシーを捕まえる）でもわかるように、他動詞は日本語で「～を」「～に」という意味になると考えてもいいのですが、＜自動詞＋前置詞＞も同じ意味になりえるので、自動詞と他動詞はあくまで英語として区別することが大切です。

　例えばdiscussを使って「その計画について話し合う」という場合に、「～について話し合う」から×discuss about the planとしてしまいがちですが、これは誤りです。discussは他動詞で目的語を直接とるので、discuss the planが正しい形です。

> **もっと知りたい**　動詞の中には自動詞・他動詞の両方で使うものもあります。sellは「～を売る」と他動詞で使いますが、This product sells well.（この製品は売れ行きがいい）のように、「売れる」という意味で自動詞としても使います。

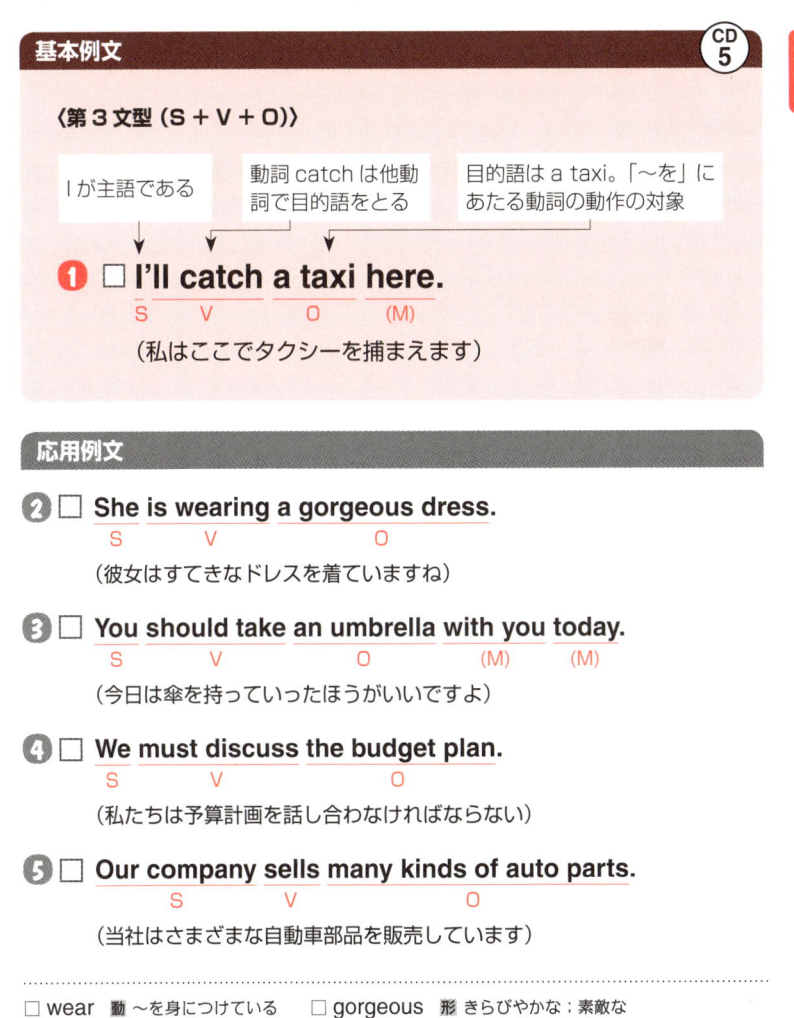

基本例文

〈第3文型 (S + V + O)〉

- Iが主語である → S
- 動詞 catch は他動詞で目的語をとる → V
- 目的語は a taxi。「～を」にあたる動詞の動作の対象 → O

❶ □ **I'll catch a taxi here.**
　　S　　V　　　O　　(M)

（私はここでタクシーを捕まえます）

応用例文

❷ □ **She is wearing a gorgeous dress.**
　　S　　V　　　　　O

（彼女はすてきなドレスを着ていますね）

❸ □ **You should take an umbrella with you today.**
　　S　　　V　　　O　　　(M)　　(M)

（今日は傘を持っていったほうがいいですよ）

❹ □ **We must discuss the budget plan.**
　　S　　　V　　　　O

（私たちは予算計画を話し合わなければならない）

❺ □ **Our company sells many kinds of auto parts.**
　　　S　　　V　　　　　O

（当社はさまざまな自動車部品を販売しています）

□ wear　動 ～を身につけている　□ gorgeous　形 きらびやかな；素敵な
□ take　動 ～を持っていく　□ budget　名 予算；財政　□ auto parts　自動車部品

UNIT 5 S + V + O₁ + O₂ / S + V + O + C

第4文型と第5文型は特殊な動詞がつくります。動詞に着目すれば、使いこなすのは難しくありません。

ルール6 動詞の中には、＜S + V + O₁ + O₂＞と目的語を2つとるもの、＜S + V + O + C＞と目的語と補語をとるものがあります。それぞれの文型を、第4文型、第5文型と呼びますが、このパターンの動詞は特殊なもので、数は多くありません。

第4文型をとる代表的な動詞はgiveです。I'll give her a birthday present.（私は彼女に誕生日プレゼントを贈ります）という文は、herという目的語とa birthday presentという目的語があります。「～に」「～を」のどちらの要素もあるわけですね。「～に」に当たる目的語を間接目的語O₁、「～を」に当たる目的語を直接目的語O₂と区別することがあります。

第4文型をつくる動詞でよく使うものは、bring（～に～をもってくる）、send（～に～を送る）、tell（～に～を話す）、buy（～に～を買う）などです。

第5文型をつくる代表的な動詞はmake（～を～にする）です。The news made me happy.（その知らせは私を幸福な気分にした）では、meが目的語、happyが補語（形容詞）です。

ルール7 補語は第5文型では、目的語を補足説明します。つまり、この文ではme = happy（私＝幸福な）ということです。

他に第5文型をとる動詞でよく使うものには、call（～を～と呼ぶ）、find（～が～とわかる）、keep（～を～に保つ）、name（～を～と名づける）などがあります。

基本例文

〈第4文型 (S + V + O₁ + O₂)〉

- 動詞 give は2つの目的語をとる
- 「～に」に当たる目的語。間接目的語ともいう
- 「～を」に当たる目的語。直接目的語ともいう

❶ ☐ I'll give her a birthday present.
　　　S　V　　O₁　　　O₂

（私は彼女に誕生日プレゼントを贈ります）

〈第5文型 (S + V + O + C)〉

- 動詞 make は目的語・補語を同時にとることができる
- 「～を」に当たる目的語
- 補語で、「me = happy」の関係が成り立つ

❷ ☐ The news made me happy.
　　　　S　　V　O　　C

（その知らせは私を幸福な気分にした）

応用例文

❸ ☐ We'll send you the product within one week.
　　　S　V　O₁　　O₂　　　　　(M)

（その製品を1週間以内にお客様にお届けします）

❹ ☐ You must keep your desktop tidy.
　　　S　　V　　　O　　　C

（机の上はきれいにしておかないといけない）

❺ ☐ They called him the last samurai.
　　　S　　V　　O　　　C

（彼らは彼のことを最後の侍と呼んだ）

☐ product 名 製品　　☐ desktop 名 机の上　　☐ tidy 形 整頓された

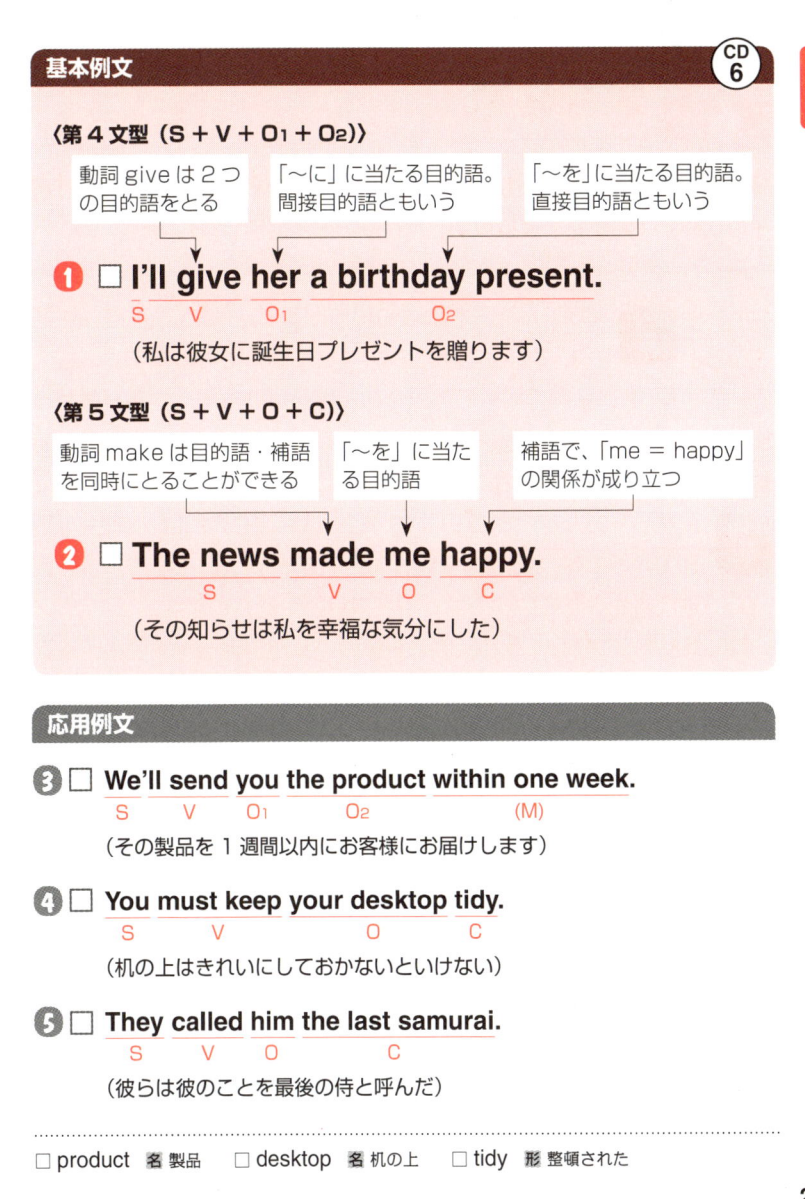

UNIT 6 現在時制

時制は現在・過去・未来が基本です。現在時制(げんざいじせい)は「習慣的な動作」、「現在の状態」、「真理」を表します。現在進行形と区別しましょう。

ルール 8 「時制」を表すのは動詞の形です。「現在形」は、主語がI、You、複数名詞の場合には原形そのままで、三人称・単数名詞の場合には原形に(e)sを付けます。中学で教わったと思いますが、「三人称単数現在(さんにんしょうたんすうげんざい)の(e)s」と呼ばれるものです。be動詞の場合には、主語に合わせた形にします。

ルール 9 注意しておかなければいけないことは、現在時制はふつう、「現在の状態」や「習慣的な動作」を表すということです。現在続いている行動や動きについては「現在進行形」を使います。

「私は日曜日に教会に行く」は、習慣的に毎週日曜日、教会に行くという意味ですから、I go to church on Sundays. と言います。「猫はソファの上で寝ている」は今現在継続している動作ですから、進行形を使って、The cat is sleeping on the sofa. としなければなりません。

「現在の状態」は、「この小説は500ページ以上ある」という場合で、This novel has over 500 pages. と表現できます。

現在時制では他に、「真理・一般的な事実」を表します。「地球は太陽の周りを回っている」なら、The earth goes around the sun. となります。

基本例文

動詞は原形。三人称単数なら (e)s を付ける

習慣的な行動を補足する時間表現がよく使われる

❶ ☐ I go to church on Sundays. [習慣的な動作]

（私は日曜日に教会に行く）

応用例文

❷ ☐ My house is far from downtown. [現在の状態]

（私の家はダウンタウンから遠い）

❸ ☐ This novel has over 500 pages. [現在の状態]

（この小説は 500 ページ以上ある）

❹ ☐ The earth goes around the sun. [真理]

（地球は太陽の周りを回っている）

❺ ☐ It's a small world. [一般的な事実]

（世間は狭いね）

☐ far from 〜から遠い   ☐ downtown 名 副 中心街（に）   ☐ novel 名 小説
☐ go around 〜を回る

The earth goes around the sun.

UNIT 7 未来時制

未来時制は will と be going to を使います。他にも、現在進行形で近未来を表す方法や、be about to や be due to を使う表現法もあります。

未来時制をつくるには、動詞（原形にする）の前に will か be going to を置きます。この２つの表現が未来時制の基本になります。

ルール 10
will は未来時制の万能選手のようなもので、「～だろう」という未来の予測にも、「～します」という主語の意志を表す場合にも使えます。be going to は「～する予定だ」という、あらかじめ考えていた未来の予定・計画を表現するほか、「～しそうである」という、予測される近未来の出来事を表すのにも使います。

なお、近未来の予定については、現在進行形も使えます。I'm leaving Seattle this evening. なら、「私は今夜、シアトルを発ちます」というように近未来の予定を表します。会話でよく使います。

未来時制を表す表現は他にもあります。be about to は「今まさに～しようとしている」という意味で、He is about to finish the monthly report. なら、「彼は今まさに月次報告書を書き終えるところだ」と直近の未来を表します。

もっと知りたい
予定で決まっていることを強調したいときには、be due to が使えます。due は「期限が来て；～するはずで」の意味があります（☞例文 6）。

基本例文

> この will は意志未来を表す。短縮形がよく使われる

> 未来を表す時間表現が使われることも

❶ ☐ I'll be back in a moment.
（すぐに戻ります）

> be going to は未来の予定を表す

❷ ☐ Kim's birthday party is going to take place in the café.
（キムのお誕生日パーティーはそのカフェで開かれる予定だ）

応用例文

❸ ☐ It will snow tonight.
（夜には雪になるでしょう）

❹ ☐ I'm leaving Seattle this evening.
（私は今夜、シアトルを発ちます）

❺ ☐ He is about to finish the monthly report.
（彼は今まさに月次報告書を書き終えるところだ）

❻ ☐ The U.S. President is due to arrive next Monday.
（米国大統領は来週月曜に到着することになっている）

☐ in a moment すぐに　　☐ take place 開催される　　☐ monthly 形 月次の
☐ president 名 大統領；社長

第2章　時制

UNIT 8 過去時制

過去時制には3つの使い方があります。また、現在完了との用法の違いを理解しておきましょう。

> **ルール 11** 過去時制を使うのは、①過去の動作・出来事・状態、②過去の反復的な動作、を表すときと、③時制の一致を受けるときです。

過去時制では、動詞の過去形を使います。規則動詞は原形にed（eで終わるものはd、＜子音＋y＞はyをiに変えてed）を付け、不規則動詞はそれぞれの過去形を用います。

①の例は、I met her at the party last year. です。「去年パーティーで彼女に会った」と、過去の一時点の出来事を表しています。

②は、I often went to the beach. で、「私はよくビーチに出かけた」と、過去にgoを反復して行ったことを表現します。

③は主節が過去になった場合に、従節もそれに合わせて過去時制にするケースで、I think you are right.（私はあなたが正しいと思う）の主節がI thoughtと過去時制になると、I thought you were right.（私はあなたが正しいと思った）と従節も過去時制に変化します（☞ UNIT 55）。

> **ルール 12** 過去形はあくまで「過去に起こって完結している動作や状態」に対して使います。「過去の動作や状態が現在に影響している」場合には、現在完了形を使うので注意しましょう。

過去形の疑問文は助動詞didを文頭に出し、動詞は原形にします。否定文はdidn'tに動詞の原形を続けます。

基本例文

動詞の過去形を使う。meet は不規則動詞で過去形は met。基本的な動詞に不規則に変化するものが多い

過去の一時点を表す言葉が入ることが多い

❶ ☐ I met her at the party last year.
（私は去年そのパーティーで彼女に会った）

応用例文

❷ ☐ I often went to the beach.
（私はよくビーチに出かけた）

❸ ☐ I thought you were right.
（私はあなたが正しいと思いました）

❹ ☐ She didn't show up at the place we agreed to meet.
（彼女は約束の場所に現れなかった）

❺ ☐ Did you enjoy your summer vacation?
（夏の休暇を楽しめましたか）

☐ show up 現れる ☐ agree to ～すると同意する ☐ enjoy 動 ～を楽しむ
☐ vacation 名 休暇

I often went to the beach.

第2章 時制

UNIT 9 進行形

継続している動作を表現するときには進行形を用います。進行形には、それぞれの時制のものがあります。

ルール 13 進行中の動作を表すのが「進行形」です。進行形は＜be動詞＋動詞のing形＞の形を使います。

I'm working on this project now. は「私は今この企画に取り組んでいる」という意味で、現在進行中の動作を表しています。現在時制が現在の習慣的な動作を表すのと対比して覚えておきましょう。

進行形は現在時制ばかりではありません。過去の継続的な動作の場合には、過去進行形を用います。過去進行形は＜be動詞＋動詞のing形＞のbe動詞を過去形にするだけです。I was working on the project then.（私はそのとき、その企画に取り組んでいた）となります。多くの場合、過去の一時点を示す言葉といっしょに使われます。

未来進行形（☞例文3）は、未来の一時点の継続的な動作のほか、未来の確実な予定を示すこともできます。

現在完了進行形（☞例文4）は、過去から現在まで動作が継続的に続いていることを表現するのに使います。過去完了進行形（☞例文5）は、続いている動作が過去で終わっている場合に使います。

ルール 14 なお、動詞の中で、本来その動詞に継続や反復の意味があるものは進行形にしません。have（〜をもっている）、belong（属する）、depend（依存する）、look like（似ている）などです。知覚・感情・心理を表す動詞も進行形にしません。want（〜がほしい）、believe（〜を信じる）、know（〜を知っている）などです。

基本例文

be 動詞。時制に合わせて形を変える　　動詞の ing 形を使う

❶ ☐ **I'm working on this project now.**
（私は今この企画に取り組んでいるところです）

応用例文

❷ ☐ **She was playing with her dog when I visited her.**
（彼女のところに行ったとき、彼女は犬と遊んでいた）

❸ ☐ **I'll be seeing the client at the banquet.**
（私は晩餐会でそのクライアントに会う予定だ）

❹ ☐ **Ken has been staying at an expensive hotel downtown.**
（ケンはずっとダウンタウンの高級ホテルに泊まっている）

❺ ☐ **Jake had been working for the government until 2009.**
（ジェイクは 2009 年までずっと政府の仕事をしていた）

☐ project 名 企画；プロジェクト　　☐ client 名 顧客　　☐ banquet 名 宴会；晩餐会
☐ expensive 形 高価な；高級な　　☐ work for ～の一員として働く
☐ government 名 政府

I'm working on this project now.

UNIT 10 完了形

現在完了形は過去形との使い分けを知っておくことが大切です。過去完了形、未来完了形もつくり方を知っておきましょう。

ルール 15 現在完了形は＜have + 動詞の過去分詞＞で表します。現在完了形のポイントは、動作や状態が過去から現在まで及んでいる場合に使います。つまり、視点は現在に置かれます。

「結果・完了」「経験」「継続」の用法があります。I have already sent the file.（そのファイルはもう送りました→今にも届きます）[完了]、I have been to Malaysia twice.（マレーシアには２回行ったことがあります→今２回の旅行経験を持っています）[経験]、She has been out of town since last Monday.（彼女は前の月曜から出張中です→今もいません）[継続]と、いずれも現在に何らかの影響があることを表します。もし過去の動作や状態が今に影響を及ぼさずに完結しているなら、過去形を使います。

現在完了の文には同時によく使う表現があります。「結果・完了」の場合は、already（すでに）、yet（まだ［否定文］、もう［疑問文］）、just（ちょうど）などです。「経験」では、before（以前に）、~ times（～回）、ever（今までに［疑問文］）、never（一度も～ない［否定文］）など、「継続」では、since（～から）、for（～の間）、so far（これまでのところ）、until（～まで）などです。

現在完了形が「過去から過去の一時点まで」と後ろにずれたときには過去完了形を使い、「過去・現在から未来の一時点まで」と前にずれたときには未来完了形を使います。

基本例文

現在完了形は＜have＋動詞の過去分詞＞で表す → 　　「すでに」という「完了」を明示する表現 →

❶ ☐ I have already sent the file.
（そのファイルはもう送りました）

完了形のイメージ

　　　　　過去　　　　現在　　　　未来
・・・・・━━━━━●・・・・・・・・・・・・・（現在完了形）

━━━━━━━●・・・・・・・・・・・・・・・・・・・（過去完了形）

・・・・・・・・・・・━━━━━●・・・・（未来完了形）

応用例文

❷ ☐ I have been to Malaysia twice.
（マレーシアには 2 回行ったことがあります）

❸ ☐ She has been out of town since last Monday.
（彼女は前の月曜から出張中です）

❹ ☐ My wife had never played golf until then.
（そのときまで妻は一度もゴルフをしたことがなかった）

❺ ☐ I'll have worked for the company for 20 years next year.
（来年になれば、この会社で 20 年間勤めたことになる）

☐ out of town　不在にして；出張中で

第2章　時制

UNIT 11 be動詞・一般動詞の疑問文

UNIT 11〜15では疑問文をまとめて紹介します。まず、基本になるbe動詞の疑問文と一般動詞の疑問文からです。

ルール16 be動詞の疑問文はとても簡単です。その文で使われているbe動詞を主語の前に出すだけです。She is a new recruit.（彼女は新入社員です）を疑問文にする場合には、isを主語の前に出して、Is she a new recruit?（彼女は新入社員ですか）となります。

時制にはbe動詞を変化させるだけで対応できます。「彼女はそのとき新入社員でしたか」なら、Was she a new recruit then?と、Is → Wasとするだけです。

一般動詞の場合には、He has financial problems.（彼はお金の問題を抱えている）を疑問文にすると、Does he have financial problems?（彼はお金の問題を抱えていますか）となります。

ルール17 主語に合った助動詞Does（この場合はheが三人称単数）を文頭に出して、動詞を原形にします。三人称単数でなければ、助動詞はDoを使います。過去形ならDidを使います。

willやcanなどの助動詞がある場合には、その助動詞を文頭に出すだけです。Mika can speak Russian.（ミカはロシア語が話せます）を疑問文にすると、Can Mika speak Russian?（ミカはロシア語を話せますか）となります。

現在完了形や過去完了形でも、Have、Has、Hadを文頭に出すだけで疑問文がつくれます。

これらの疑問文は語尾を上げ調子で読むのが普通です。

基本例文

第3章 疑問文

be動詞を前に出すだけ

語尾はクエスチョンマークをつけ、上げ調子で読む

❶ ☐ Is she a new recruit?
（彼女は新入社員ですか）

応答 Yes, she is. / No, she isn't.

主語に合った Does を文頭に置く

動詞は原形を使う

❷ ☐ Does he have financial problems?
（彼はお金の問題を抱えていますか）

応答 Yes, he does. / No, he doesn't.

応用例文

❸ ☐ Can Mika speak Russian?
（ミカはロシア語を話せますか）

❹ ☐ Did you talk to Barack yesterday?
（昨日、バラクと話しましたか）

❺ ☐ Have you ever seen Sumo wrestling?
（相撲を見たことがありますか）

☐ (new) recruit　名 新入社員　　☐ financial　形 財政の；お金の　　☐ problem　名 問題
☐ Sumo wrestling　相撲

UNIT 12 疑問詞疑問文① What・Which・Who・Whose

疑問詞疑問文は、相手に具体的なことを聞くときに使います。会話で多用されるので、すぐに口をついて出るように練習しておきましょう。

ルール18 疑問詞疑問文はすべて、疑問詞が文頭にきます。＜疑問詞＋be動詞／助動詞＋主語＋〜？＞が基本パターンです。英語では聞きたいことをズバリ最初に言います。会話の相手も、文頭を聞けば何をたずねられているかすぐにわかります。

Whatは「何」を聞きます。What are you doing here?なら「ここで何をしているの？」という意味になります。意外な場所で知り合いにばったり会ったときに使えそうですね。

Whichは「どちら；どの」という意味で、選択・特定を求めます。Which would you like, red wine or white wine?（赤ワインと白ワイン、どちらにされますか）という選択疑問文が使い方の１つです。もう１つの使い方は＜Which＋名詞＞で、例えばWhich floor do you live on?で「何階に住んでいるのですか」と、階の特定を求めます。なお、Which floor 〜?の文は、Whatを使ってWhat floor 〜?と言うこともできます。

Whoは「誰」を聞きます。Who's in charge of accounting?（誰が経理の担当ですか）と主格として使うのが基本ですが、目的格としてもWho are you waiting for?（誰を待っているのですか）と使えます。本来の目的格を聞くWhomは今ではあまり使わない傾向です。

Whoseは「誰の；誰のもの」という意味で、所有・帰属を聞きます。＜Whose＋名詞＞の形でよく使います（☞例文6）。Whose is this (名詞)?（これ［この〜］は誰のものですか）の形でも使えます。

基本例文

疑問詞を文頭に置く → be動詞・助動詞を主語の前に → 最後にクエスチョンマーク。下げ調子で読むのが基本です

❶ ☐ What are you doing here?
疑問詞 be動詞 主語

（ここで何をしているの？）

応用例文

❷ ☐ Which floor do you live on?
（何階に住んでいるのですか）

❸ ☐ Which would you like, red wine or white wine?
（赤ワインと白ワイン、どちらにされますか）

❹ ☐ Who's in charge of accounting?
（誰が経理の担当ですか）

❺ ☐ Who are you waiting for?
（誰を待っているのですか）

❻ ☐ Whose laptop is the one on the desk?
（そのデスクの上にあるのは誰のノートパソコンですか）

☐ in charge of ～を担当して　　☐ accounting 名 経理
☐ laptop 名 ノートパソコン

UNIT 13 疑問詞疑問文② When・Where・Why

When、Where、Why の用法を身につけましょう。それぞれ「時」・「場所」・「理由」を聞く疑問詞で、使い方は簡単です。

Whenは「いつ」の意味で、時を聞きます。When will you arrive at the airport?なら、「いつ空港に到着しますか」という意味です。応答は年や日付、時刻など「いつ」に対応するものを答えます。

Whereは「どこ」の意味で、場所を聞きます。Where are you from?（どちらのご出身ですか）のように使います。

Whyは「なぜ」という意味で、理由を聞きます。Why did you cancel the appointment?（どうしてその約束をキャンセルしたのですか）。応答の基本はBecause（なぜなら）を文頭に置いて、Because I had an important meeting.（重要な会議があったからです）のように理由を示します。もっとも、日常会話ではしばしばBecauseを省略して答えます。

ルール19 Whyの疑問文は、Why don't you ～?の形にすると、「なぜ～しないのか」という理由を聞く以外に、「～しませんか」という意味の提案・勧誘表現になります。Why don't you join us?（われわれと一緒にどうですか）。応答は勧誘を受け入れる場合には、OK.（いいですね）、I'd love to.（喜んで）、Sounds great.（すばらしい）などと答えます。断るときには、I'm sorry, but（すみませんが～）と言ってから、理由を添えるのが普通です。

基本例文

時を聞く疑問詞 ↓

❶ ☐ When will you arrive at the airport?
（いつ空港に到着しますか）

時を示す言葉を入れて答える。
簡単に At 7:30. だけでも可 ↓

▶ **I'll arrive there at 7:30.**
（7時半に着きます）

応用例文

❷ ☐ Where are you from?
（どちらのご出身ですか）

▶ **I'm from the Netherlands.**
（オランダの出身です）

❸ ☐ Why did you cancel the appointment?
（どうしてその約束をキャンセルしたのですか）

▶ **(Because) I had an important meeting.**
（重要な会議があったからです）

❹ ☐ Why don't you join us?
（われわれと一緒にどうですか）

▶ **I'd love to.**
（喜んで）

☐ be from ～の出身である　☐ the Netherlands　オランダ
☐ cancel　動 ～を取り消す　☐ appointment　名 約束　☐ join　動 ～に加わる

第3章　疑問文

UNIT 14 疑問詞疑問文③ How

疑問詞 How は単独で「様態」「方法」を聞くほか、形容詞や副詞と組み合わせて、さまざまな事・状況の「程度」を聞くことができます。

ルール20 Howは「どのような：どう」という様態・状況、「どうやって」という方法・手段を聞くときに使う疑問詞です。

How is your business?は「お仕事はいかがですか」と様態・状態をたずねる疑問文です。これに対する応答は、Same as usual.（いつも通りです）、So so.（まあまあですね）とか、We got a big order recently.（最近、大きな注文を受けました）などと具体的に答えたりします。

How do you go to work?は「どうやって通勤していますか」と方法・手段をたずねています。By bus.（バスで）、By subway.（地下鉄で）などと答えます。

ルール21 Howはまた、＜ How ＋副詞＞や＜ How ＋形容詞＞のパターンで、さまざまな事・状況の程度を聞くのに使えます。

How much ［量・値段］　How many ［数］　How old ［年齢・古さ］
How far ［距離］　How long ［期間・物の長さ］　How often ［頻度］

上記は、常用のパターンですが、形容詞・副詞と自在に組み合わせることができます。How difficult was the math test?（数学のテストはどれくらい難しかった？）

もっと知りたい

How about ～?は勧誘・提案表現として会話でよく使います。
How about some coffee?（コーヒーでもいかが？）

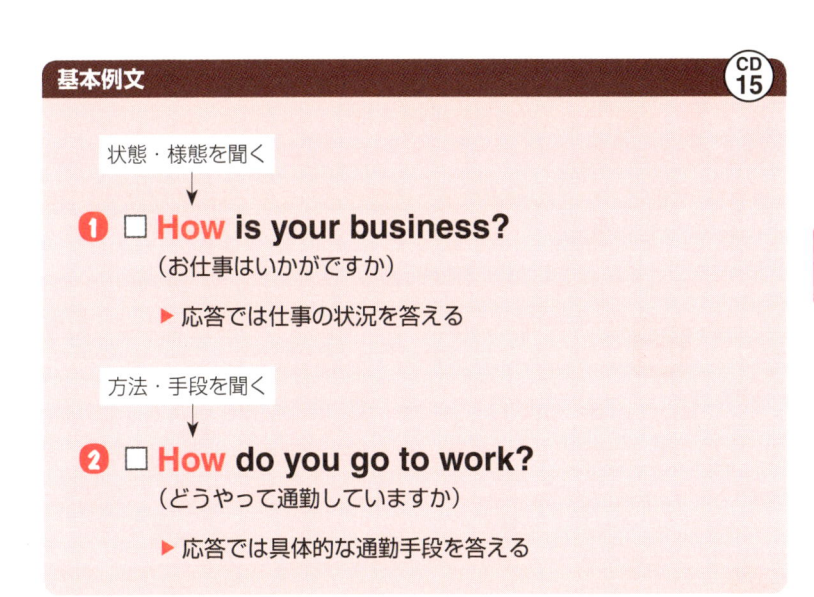

基本例文

状態・様態を聞く ↓

❶ ☐ How is your business?
（お仕事はいかがですか）

▶ 応答では仕事の状況を答える

方法・手段を聞く ↓

❷ ☐ How do you go to work?
（どうやって通勤していますか）

▶ 応答では具体的な通勤手段を答える

応用例文

❸ ☐ How much did you spend on your trip?
（旅行ではいくら使いましたか）

❹ ☐ How far is your house from downtown?
（お宅はダウンタウンからどれくらい離れていますか）

❺ ☐ How long does it take to get to the airport?
（空港までどれくらいの時間がかかりますか）

❻ ☐ How often do you jog?
（どれくらいの頻度でジョギングをしていますか）

☐ go to work 通勤する　☐ spend 動（お金・時間を）費やす
☐ take 動（時間が）かかる　☐ get to ～に到着する　☐ jog 動 ジョギングをする

第3章 疑問文

UNIT 15 疑問文の応用

疑問文には他に、いくつかよく使う種類があります。「付加疑問文」「否定疑問文」「選択疑問文」「間接疑問文」です。

ルール22 付加疑問文とは、「～ですよね」と確認や念押しの機能をもつものです。This train stops at the next station, doesn't it? (この列車は次の駅に止まりますよね) と、コンマを介して、語尾に＜助動詞 / be動詞の否定形＋主語の代名詞？＞を続けます。否定文なら、＜助動詞 / be動詞の肯定形＋主語の代名詞？＞を付加します。語尾は確認なら上げ調子、念押しなら下げ調子です。

ルール23 否定疑問文は、「～ではないですか」と確認するときに使います。Aren't you a little tired? (少し疲れたのではないですか) と、文頭のbe動詞や助動詞を否定形にするだけです。

付加疑問文、否定疑問文ともに、肯定の場合にはYesで、否定の場合にはNoで答えます。

ルール24 選択疑問文とは、2つの項目をorでつないで、相手に選択を求めるものです。Which would you like, tea or coffee? (紅茶とコーヒー、どちらがよろしいですか)。応答はふつう選択肢のどちらかを答えます。

ルール25 間接疑問文とは、疑問詞を使った名詞節が含まれる文のことです。Do you know where Kristie is from? (クリスティがどこの出身かわかりますか)。

think、suppose、imagine、believeなどの動詞を使う場合には、Where do you think Kristie is from? と疑問詞を文頭に出します。

基本例文

❶ ☐ This train stops at the next station, doesn't it? (この列車は次の駅に止まりますよね)

肯定文では、付加部分は否定になる

否定文では、付加部分は肯定になる

▶ 応答は肯定なら Yes、否定なら No が原則

応用例文

❷ ☐ You won't attend the meeting, will you?
(会議には参加しないのですよね)

❸ ☐ Aren't you a little tired?
(少し疲れたのではないですか)

❹ ☐ Which would you like, tea or coffee?
(紅茶とコーヒー、どちらがよろしいですか)

❺ ☐ Do you know where Kristie is from?
(クリスティがどこの出身かわかりますか)

☐ attend 動 ～に出席する

Which would you like, tea or coffee?

第1章〜第3章 Quick Review 1

> **Q1** 次の（ ）内の動詞（原形）を文意に合うように変えましょう。ただし、1語とはかぎりません。**ヒント** には各設問の訳を示します。

1. The boss usually (leave) the office late at night.

2. Meg (play) with her kitty when I came home.

3. I (be) to Germany three times.

4. It (rain) tomorrow according to the weather report.

5. I thought I (fail) in the exam.

> **ヒント**
> 1 上司はたいてい、夜遅くにオフィスを出る。
> 2 私が帰宅したとき、メグは猫と遊んでいるところだった。
> 3 私はドイツに3回行ったことがある。
> 4 天気予報によれば、明日は雨が降る。
> 5 私はその試験に落ちると思っていた。

Q2 次の（　）内に入るべき疑問詞を、語群から選んで入れましょう。

1 (　　　　) is waiting for me in the lobby?

2 (　　　　) are you doing recently?

3 (　　　　) are you doing here?

4 (　　　　) is she from in Europe?

5 (　　　　) don't you join us for a drink?

6 (　　　　) will the new exhibit start in the city museum?

(語群) Who　When　What　Where　How　Why

ヒント
1 ロビーで誰が私を待っているのですか。
2 最近はいかがですか。
3 こんなところで何をしているの？
4 彼女はヨーロッパのどこの出身ですか。
5 一緒に飲みに行かない？
6 市立美術館の次の展示はいつ始まるのですか。

Quick Review 1

> **Q3** 日本語を参考にして、英語を書いてみましょう。
> **ヒント** も参考にしてください。

1 ミカは有名なバイオリニストになりました。
　ヒント 〜になる：become　　バイオリニスト：violinist

....

2 その知らせを聞いて私は悲しくなりました。
　ヒント 〜させる：make　　悲しい：sad

....

3 もう少し時間をもらえませんか。
　ヒント 〜をもらう：give me 〜

....

4 彼女は毎日、自転車で会社に行く。
　ヒント 会社へ行く：go to work または commute

....

5 私は来月、中国に旅行に行きます。
　ヒント 〜へ旅行に行く：travel to 〜

....

6 日本には 2004 年からずっと住んでいます。
ヒント 〜から：since 〜

7 今ちょうど、昼食を終えたところです。
ヒント ちょうど：just

8 ニューヨークからボストンまではどれくらいの距離ですか。
ヒント どれくらいの距離：How far 〜？　　ボストン：Boston

9 コーヒーは好きではないんですよね。
ヒント ですよね：付加疑問文で表現する

10 少しやせたのではないですか。
ヒント 少しやせる：lose some weight

Quick Review 1
正解と解説

Q1

1 The boss usually (leaves) the office late at night.

> 解説 usually（たいてい）があり、日々の習慣的な動作なので現在形にする。The boss は三人称単数なので、leave には s を付ける。

2 Meg (was playing) with her kitty when I came home.

> 解説 when I came home と過去の一時点が指定されているので、過去進行形にする。

3 I (have been) to Germany three times.

> 解説 three times とあり、「3回〜した」という経験を表していることがわかるので、現在完了形にする。

4 It (will rain) tomorrow according to the weather report.

> 解説 tomorrow と未来を示す語があるので、will rain とする。is going to rain でも可。

5 I thought I (failed) in the exam.

> 解説 I thought と、私は過去に考えたのだから、試験にしくじるのも過去のことなので（時制の一致）、failed と過去形にする。

Q2

1 (Who) is waiting for me in the lobby?

解説 「待っている」の主語になる疑問詞は Who だけ。

2 (How) are you doing recently?

解説 様態を聞く How を選ぶ。How are you doing? で「お元気ですか」という挨拶。

3 (What) are you doing here?

解説 do の目的語になる疑問詞は What だけ。

4 (Where) is she from in Europe?

解説 ＜be from 場所＞で出身地を表す。したがって、疑問詞は場所を聞く Where が適当。

5 (Why) don't you join us for a drink?

解説 Why don't you ～？で「～しませんか」という勧誘表現になる。

6 (When) will the new exhibit start in the city museum?

解説 start（始まる）とあるので、「いつ」を表す疑問詞を選ぶことがわかる。

Quick Review 1

正解と解説

Q3

1 Mika became a famous violinist.

解説 become には補語が続けられる。第2文型の文。

2 The news made me sad.

解説 make は「O を C にする」という第5文型＜S + V + O + C＞をつくる。

3 Could you give me a little more time?

解説 give は目的語を2つとる第4文型＜S + V + O₁ + O₂＞が可能。Can you ～？などでもよい。

4 She goes to work by bike every day.

解説 習慣的な動作なので現在形を使う。三単現の (e)s を忘れないこと。commutes by bike も OK。bike は bicycle でもよい。

5 I'm going to travel to China next month.

解説 未来のことなので will または be going to を使う。travel to は go on a trip to などでもよい。

6 I have lived in Japan since 2004.

解説 過去の一時点から「ずっと〜している」なので、現在完了（継続）を使う。I have been living ... でも可。

7 I have just finished my lunch.

解説 「ちょうど〜を終えた」なので、現在完了形（完了）を使う。

8 How far is it from New York to Boston?

解説 How far is it from A to B? は、距離をたずねる決まった言い方。

9 You don't like coffee, do you?

解説 確認するために、付加疑問文にする。話者は相手がコーヒーが好きでないだろうと思って聞いているので、主文を否定に、付加部分を肯定にする。

10 Haven't you lost some weight?

解説 「〜ではないですか」と聞いているので、否定疑問文を使う。今、相手を見て聞いているので、現在完了形が適当。

Column 1 品詞と句・節

英語には、名詞、代名詞、動詞、形容詞、副詞、前置詞、接続詞、間投詞の8つの基本品詞と、助動詞、冠詞があります。文中での役割を確かめておきましょう。

名　詞　物・事の名前や概念を表す　　**代名詞**　名詞の代わりをする
動　詞　動作・状態を表す　　　　　　**形容詞**　様態・程度・特性を表す
副　詞　動詞・形容詞・副詞・文全体を修飾する
前置詞　名詞（相当語句）を導く　　　**接続詞**　文の要素をつなぐ
間投詞　独立して使われ、感情を表したり、呼びかけの役割をする
助動詞　動詞の役割を補完する
冠　詞　名詞の前に置き、その名詞が「単数かどうか」「抽象的か・具体的か」「特定か・不特定か」を示す。

I always drink at a bar downtown.　（句）
　代　副　　動　　前 冠 名　　　副
（私はいつも都心のバーで飲んでいます）

Well, I'll let you know when I'm ready.　（節）
　間　　代 助 動 代　動　　接　代 動　形
（では、準備ができたら教えます）

　句とは、2つ以上の語が集まって1つの品詞と同じ働きをする文の要素で、「主語＋動詞」を含まないものです。
　節とは、「主語＋動詞」を含む文の要素です。主節と従節に大別できます。

第2部

助動詞や代名詞、接続詞など
英文法を理解していくうえで
重要な品詞を見ていきましょう。

第4章　**UNIT 16 ～ UNIT 20**
　　　　助動詞

第5章　**UNIT 21 ～ UNIT 25**
　　　　代名詞

第6章　**UNIT 26 ～ UNIT 30**
　　　　冠詞・前置詞・接続詞

魔法の英文法
ルール **26** ～ ルール **47**

UNIT 16 助動詞 can

「未来時制」で出てきた will や can などの語を「助動詞」と言います。語順を確認しながら各助動詞の意味・用法を見ていきましょう。

> **ルール 26** 助動詞を使うことによって、可能や必然、義務などの意味が加わります。語順は＜主語＋助動詞＋動詞の原形～＞です（助動詞に続く本来の動詞は「本動詞」と言う）。

助動詞 can だと、He can speak Spanish. という語順になります。主語が三人称単数であっても、動詞に (e)s はつきません（×He can speaks Spanish.）。can の否定文は＜主語＋ can't / cannot ＋動詞の原形～＞、疑問文は＜Can ＋主語＋動詞の原形～？＞の形です。

can には「～できる」という意味がありますが、同じく「能力・可能」を表す表現として be able to ～ もあります。助動詞と助動詞を一緒に使うことはできないので、You'll be able to understand English well.（あなたは英語がよく理解できるようになるでしょう）のように、他の助動詞（ここでは will）を使うときは can ではなく be able to を使います。

can には「～してもよい」という「許可」の意味もあります。Can I open the door?（ドアを開けてもいいですか）は、相手に許可を求める表現です。「依頼」の can も会話でよく使います（☞例文5）。また、can には「可能性」や「推量」の意味もあります。特に否定文で「～はずがない」の意味でよく使います。That can't be true. だと、「そんなこと真実であるはずがない」という意味になります。

基本例文

> 助動詞のあとには動詞の原形が続く。
> 主語が三人称単数でも本動詞は原形

❶ ☐ He can speak Spanish.
（彼はスペイン語が話せます）

応用例文

❷ ☐ I can't meet you next Monday.
（来週の月曜日はあなたに会えません）

❸ ☐ It can't be!
（そんなはずはないよ！）

❹ ☐ You can use my computer.
（私のコンピュータを使ってもいいですよ）

❺ ☐ Can you call me later?
（あとで電話してくれませんか）

❻ ☐ I won't be able to check my e-mail this weekend.
（今週末はメールチェックができません）

☐ call 動 ～に電話をする　☐ later 副 あとで
☐ check one's e-mail メールチェックをする

第4章 助動詞

UNIT 17 助動詞　may

mayにはcanと同様「〜してもよい」という「許可」の意味や、「〜かもしれない」という「推量」の意味があります。

ルール 27 mayには「〜してもよい」という「許可」の意味があります。May I〜?（〜してもよろしいですか）という疑問文でよく使います。Can I〜?よりもMay I〜?のほうが丁寧な表現です。

　肯定文ではYou may go now.などとも言えますが、「もう行ってよろしい」のような上から目線で言う印象ですので、許可のmayは疑問文のみ、と覚えておいてよいでしょう。許可を表す肯定文ではcanをよく使います。例えばYou can use mine.だと「私のを使ってもいいわよ」くらいの軽いニュアンスで日常的に使えます。

　このMay I〜?に対する応答ですが、mayを使うと偉そうなニュアンスになるので実用的ではありません（△Yes, you may. / No, you may not.）。代わりに、Yes, you can. / Sure, go ahead. / Sorry, you can't.などと答えます。

　もう１つのmayの意味として、「〜かもしれない」という「推量」があります。It may rain tomorrow.だと「明日は雨かもしれません」です。

　なお、この「許可」や「推量」の意味でmayの過去形mightも使います。mayとmightの意味に大きな違いはありませんが、許可ではmightよりもmay、推量ではmayよりもmightがよく使われる傾向にあるようです。

基本例文

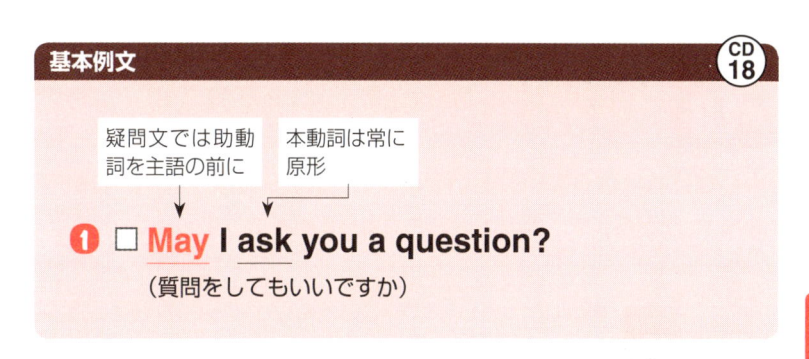

疑問文では助動詞を主語の前に / 本動詞は常に原形

❶ ☐ May I ask you a question?
（質問をしてもいいですか）

応用例文

❷ ☐ May I come in?
（入ってもよろしいですか）

❸ ☐ May I have your name, please?
（お名前をいただけますか）

❹ ☐ It may rain tomorrow.
（明日は雨かもしれません）

❺ ☐ Our team may not win, but let's do our best.
（私たちのチームは勝たないかもしれないけど、全力を尽くそう）

☐ come in 中に入る　☐ win 動 勝つ　☐ do one's best 全力を尽くす

May I come in?

UNIT 18 助動詞 must / have to

「~しなければならない」という意味の「義務・必要」にはmustやhave toがあります。双方の違いや活用形に気をつけましょう。

ルール28 mustは「~しなければならない」という意味の助動詞で、「強い義務・必要」を表しますが、特に会話では、よりニュアンスの柔らかいhave toの方が好んで使われます。

have toのあとには動詞の原形が続きます。I have to do it by Friday.だと、「私は金曜日までにそれをしなければなりません」という意味です。

「~しなければなりませんか」という疑問文ですが、mustはほぼ使わないので、have toの疑問文＜Do [Does] ＋主語＋ have to ~？＞を覚えておくとよいでしょう。過去形はhad toです。mustに過去形はありません。

mustの否定はmust not / mustn'tで、「~してはいけない」という「強い禁止」を表します。これも、実際はYou can't park your car here.（ここに駐車してはいけません）など、can'tを使うことの方が多いようです。

一方、have toの否定は「~しなくてよい」という意味を表します。You don't have to eat it all.なら、「全部食べなくていいですよ」という意味ですね。don't need to ~も似た意味です。

mustには「~に違いない」（推量）という意味もあります。He must be a famous person.だと「彼は有名人に違いない」です。なお、この意味の否定「~のはずがない」はmustn'tではなくcan'tなので注意しましょう（☞ UNIT 16）。

基本例文

have to のあとは
動詞の原形が続く

❶ ☐ **I have to do it by Friday.**
（私は金曜日までにそれをしなければなりません）

応用例文

❷ ☐ **You don't have to eat it all.**
（全部食べなくていいですよ）

❸ ☐ **We had to wait for a month.**
（私たちは1カ月間待たなければならなかった）

❹ ☐ **You must be more careful.**
（もっと注意しないとダメだよ）

❺ ☐ **He must be a famous person.**
（彼は有名人に違いない）

❻ ☐ **You must be hungry!**
（お腹がすいたでしょう！）

☐ wait 動 待つ　☐ careful 形 注意深い　☐ person 名 人　☐ hungry 形 空腹な

You must be hungry!

UNIT 19 助動詞 should / shall

should は must や have to よりも「弱い義務・必要」を表す助動詞です。shall の意味・用法も一緒に見ていきましょう。

ルール29 should（〜すべきだ；〜した方がよい）は「弱い義務・必要」を表します。会話では一人称・二人称を主語にして使うことが多く、You should 〜だと、義務というより「助言・忠告」ですね。疑問文のShould I [we] 〜?は相手の意見・助言を求めるときなどに使います。shouldの否定はshould not / shouldn't で、「〜すべきではない」という意味です。

shouldは「きっと〜だろう；〜のはずだ」（推量）の意味も重要です。Two more tables should be enough.だと「テーブルはあと2つで十分でしょう」という意味です。

shouldはshallの過去形ですが、意味の上ではshallとshouldは別々の助動詞として覚えた方がよいでしょう。肯定文のshallは法律文書などでよく見られますが、文語的に使われる助動詞で、日常的には使いません。

ルール30 最もよく使うshallの用法は何と言っても「申し出」「提案」です。Shall I get you a taxi?（タクシーをお呼びしましょうか）のように主語がIなら「申し出」、Shall we meet at the station?（駅で会いましょうか）のように主語がweなら「提案」です。

なお、このShall we 〜?の文を例に取れば、Do you want to meet at the station? < Would you like to meet at the station? < Shall we meet at the station?の順に、より丁寧な提案表現となります。

基本例文

> 「きっと〜だろう」（推量）
> be は be 動詞の原形

❶ ☐ **Two more tables should be enough.**
（テーブルはあと 2 つで十分でしょう）

応用例文

❷ ☐ **What should I do?**
（どうしよう？）

❸ ☐ **Children shouldn't have cell phones.**
（子どもは携帯電話を持つべきではない）

❹ ☐ **Shall I get you a taxi?**
（タクシーをお呼びしましょうか）

❺ ☐ **What time shall we meet?**
（何時に会いましょうか）

☐ enough 形 十分な　　☐ cell phone 携帯電話
☐ get + O1 + O2　O1 に O2 を手に入れてやる

What should I do?

第4章　助動詞

UNIT 20 その他の助動詞

could、would、might は、それぞれ can、will、may の過去形です。これらの助動詞の過去形には、原形にない意味・用法もあります。

ルール 31 could は can の過去形で、「〜できた」（能力・可能）という意味があります。基本例文のように couldn't （〜できなかった）という過去の否定形でよく使います。

肯定形の could は、I would appreciate it if you could come.（あなたが来てくれたら嬉しいです）のように、仮定法の文で使うこともあります（☞ UNIT 51〜54）。また、I thought I could do it. のように、時制の一致で can が could になることもあります（☞ UNIT 55）。

さらに、can と同じ用法の「依頼」や「許可」の could も会話で必須です。例：Could you help me? / Could I have some water?

would も could と同様、時制の一致で will が過去形になったときや、仮定法でよく使う助動詞です。

ルール 32 would には「よく〜したものだ」（過去の習慣）の意味もあります。used to 〜にも同様の意味がありますが、「状態」を表すときに would は使いません。例：There used to be a café here.（以前はここにカフェがあった）

would には他にも I'd like to 〜や Would you like to 〜？など、会話で使う慣用表現がたくさんあります（☞ 例文4）。

最後に、might は may の過去形で、may と同様「〜かもしれない」（推量）の意味でよく使われます（☞ 例文5）。

基本例文

助動詞の否定文は、助動詞のあとに not を置く。could not の短縮形

❶ □ **I couldn't help laughing.**

（笑わずにはいられませんでした）

応用例文

❷ □ **Could I have some water?**

（お水をいただけますか）

❸ □ **When I was younger, I would often go to her house.**

（若い頃、よく彼女の家に行きました）

❹ □ **Would you like to come with us?**

（私たちと一緒に来ませんか）

❺ □ **He might have a better idea.**

（彼にはましなアイデアがあるかもしれません）

□ can't help 〜ing　〜せずにはいられない

I couldn't help laughing.

UNIT 21 人称代名詞① 主格・所有格・目的格

代名詞は、文字通り「名詞の代わり」をする語です。「代名詞」にも種類がたくさんありますから、まずは「人称代名詞」から見ていきましょう。

「代名詞」はTom→He、the children→they、the bag→itのように、特定の名詞の代わりに使われます。

ルール33
「人称代名詞」はI、we、you、he、she、it、theyなどの語で、Iは主格、myは所有格、meは目的格というように、それぞれが格変化をします。主格「～は［が］」は主語として使い、所有格「～の」は、my bookのように、あとに名詞が続きます。目的格「～を［に］」は、I know him. やCome with me. のように、動詞や前置詞の目的語として使います。

次の表で3つの格変化を確認しましょう。「一人称」は話し手、「二人称」は聞き手、「三人称」はそれ以外の人や物を表します。

人称代名詞		主格「～は［が］」	所有格「～の」	目的格「～を［に］」
単数	一人称	I	my	me
	二人称	you	your	you
	三人称	he	his	him
		she	her	her
		it	its	it
複数	一人称	we	our	us
	二人称	you	your	you
	三人称	they	their	them

基本例文

主格 → 所有格→名詞 office を修飾する

❶ ☐ He came to our office.
（彼は私たちのオフィスに来ました）

応用例文

❷ ☐ This is my book.
（これは私の本です）

❸ ☐ Who is she?
（彼女は誰？）

❹ ☐ There is no difference between them.
（両者に違いはない）

❺ ☐ Hello? John? It's me, Naomi.
（もしもし？　ジョン？　私よ、直美）

☐ There is ～　～がある　　☐ no　形 少しの～もない　　☐ difference　名 違い
☐ between　前 ～の間に

This is my book.

第5章　代名詞

UNIT 22 人称代名詞② 所有代名詞・再帰代名詞

mine や yours などの語を「所有代名詞」、myself や themselves などの語を「再帰代名詞」と言い、「人称代名詞」に含まれます。

ルール 34 「所有代名詞」(〜のもの) は名詞の繰り返しを避けるときなどに使い、＜所有格＋名詞＞を表します。

例：**Our house is smaller than theirs.** [theirs = their house]
（私たちの家は彼らの(家)より小さい）

所有代名詞	単　数	複　数
一人称	mine	ours
二人称	yours	yours
三人称	his / hers	theirs

ルール 35 「再帰代名詞」(〜自身) は、＜所有格または目的格＋ -self / -selves ＞の形で、動詞や前置詞の目的語になります。

例：**Please help yourself.**（ご自由に召し上がってください）

なお、「〜自身の…」は＜one's own ＋ 名詞＞で表します。

例：**Bring your own lunch.**（(あなた自身の)昼食を持参してください）

再帰代名詞	単　数	複　数
一人称	myself	ourselves
二人称	yourself	yourselves
三人称	himself / herself / itself	themselves

基本例文

所有代名詞
↓

❶ ☐ Excuse me, that's mine.

（すみません、それは私のです）

場面：誰かが間違えて自分の物を持って行こうとしたときなど

応用例文

❷ ☐ Our house is smaller than theirs.

（私たちの家は彼らのより小さい）

❸ ☐ He often cooks for himself.

（彼はよく自炊します）

❹ ☐ Please help yourself.

（ご自由に召し上がってください）

❺ ☐ This toilet seat lid closes by itself.

（この便座のふたはひとりでに閉まります）

❻ ☐ I myself have never been overseas.

（わたし自身は海外へ行ったことがありません）　［再帰代名詞の強調用法］

☐ for oneself　自分のために
☐ lid　名 ふた
☐ by oneself　独力で；自分で
☐ overseas　副 海外へ

Excuse me, that's mine.

UNIT 23 指示代名詞

「指示代名詞」は、this と that、そしてそれぞれの複数形 these、those の4つがあります。

ルール36 「指示代名詞」は特定の人や物、内容などを指し示して使う語です。話し手から見て心理的・距離的に近くの人や物に対しては this [these] を、遠くの人や物に対しては that [those] を使います。例：This is my bag, and that is Beth's.

電話で使う this (that) もあります。例：This is Kenji speaking. / Who is this [that], please?

this / that はすでに話題に出た内容も指します。I want to travel in space. That's my dream. の That は前の文全体を指しています。また、あとに続く内容を指すことができるのは this のみで、that にその用法はありません。例：How about this? →提案内容を続ける（☞ 例文5）。

that のみの用法として、名詞の繰り返しを避けるため、＜ the ＋名詞＞の代わりに that を使うことがあります。例：The population of Singapore is as large as that of New Zealand.（that ＝ the population）（シンガポールの人口はニュージーランドの人口と同じくらいだ）。代わりになる名詞が複数形なら those を使います。

those のみの用法として、those who 〜で「〜の人々」を意味します。例：They're going to hire those who know China.（彼らは中国に詳しい人を雇うつもりだ）

なお、これらの指示代名詞は、that book のように後ろに名詞を伴うとき、that は形容詞的な働きをしています（限定詞と言う）。

基本例文

代名詞＝主語。this の複数形 → **These**

1足の意味では複数形 → **shoes**

❶ □ These are not my shoes.
（これは私の靴ではありません）

応用例文

❷ □ This is my bag, and that is Beth's.
（これは私のカバンで、あれがベスのです）

❸ □ This is Kenji speaking.
（（電話で）健二です）

❹ □ I don't know why he's like that recently.
（彼は最近、どうしてあんな態度をとっているのか理解できません）

❺ □ Then how about this? I'll cook this weekend.
（じゃあこういうのはどう？ 今週末はぼくが料理をするよ）

□ shoe(s) 名 靴　　□ like 前 〜のような　　□ recently 副 最近

This is Kenji speaking.

UNIT 24 不定代名詞

「指示代名詞」が特定の人や物、内容などを指すのに対し、「不定代名詞」は不特定の人や物を指します。

ルール37 oneは不定代名詞の代表です。すでに話題に出た可算名詞の代わりに使う代名詞です。itやthis、thatと異なる点は、不特定の１つ［１人］を指すことです。例えば、That umbrella looks nice. I'll take it. では、itは話題中の特定の傘を指しています。一方、I lost my umbrella. I need to buy one. では、oneは不特定の傘を指しています。

代わりになる名詞が複数の場合はonesを使います。また、one(s)の後ろに修飾語句がついてone(s)を限定する場合はthe one(s)となります（このtheは限定詞）。例えば、Look at that man. — The one with a blue tie?では、「青いネクタイをつけた」によって男性が限定されるのでtheがつきます。

otherやanotherも不定代名詞です。otherはthe otherなら「（２つのうち）もう一方」、the othersなら「（３つ以上の中の）残りの全部」、無冠詞のothersは「他人」（＝ other people）を表します。anotherは「もう１つの；別の」の意味で、Would you like another piece of cake?（ケーキをもう一切れいかがですか）のように＜another ＋名詞＞の形でよく使います（このanotherは限定詞）。

some / anyにも不定代名詞の用法があり、可算名詞・不可算名詞の両方で使えます。I baked cookies. Please have some. ならsome ＝ cookiesです。その他、both、either、all、none、each、nothing、anyone、somebodyなど、不定代名詞はまだまだあります（☞例文３・４）。

基本例文

> one はすでに話題に出た可算名詞の代わりを表す。不特定の1つを指す

❶ □ I need to buy one.

（1つ買う必要があります）

応用例文

❷ □ Some of his works are selling well.

（彼の作品のいくつかはよく売れている）

❸ □ Either would be fine with me.

（どちらでもいいですよ）

❹ □ I have two sisters: one is a nurse and the other is a flight attendant. Both are married.

（姉妹が2人います。1人は看護師で、もう1人は客室乗務員です。2人とも結婚しています）

□ work 名 (可算名詞で) 作品　□ sell well 売れ行きがよい
□ either 代 (二者のうち) どちらか一方の；どちらの〜でも
□ one ..., the other 〜 (二者のうち) 1つは…、もう1つは〜
□ nurse 名 看護師　□ flight attendant (航空機の) 客室乗務員
□ both 代 両方とも　□ married 形 既婚の

I need to buy one.

第5章 代名詞

UNIT 25 itの用法

itには「それ」という意味以外にも、時、季節、天候など、いろいろな意味・用法があります。一般的に非人称のitと言います。

ルール38　「それ」という意味のitは、すでに話題に出た単数名詞、句、節などを指します。例：What's that? — It's a Japanese doll.

itにはこの用法以外に、時、季節、天候、寒暖、明暗、距離など、非人称を表す用法があります。It's two o'clock.やWhat day is it today?のitは「時」を表しています。It's snowing.なら「天候」、It's cold, isn't it?なら「寒暖」、It's getting dark.なら「明暗」、It's 20 kilometers from here.なら「距離」を表します。

漠然とした状況を表すitもあります。例えば、How's it going?（元気？）やIt's your turn.（君の番だよ）などのitがそうです。

ルール39　また、itは形式主語（けいしきしゅご）や形式目的語（けいしきもくてきご）としても使います。形式主語とは、例えばIt is impossible to meet the deadline.（締め切りに間に合わせることは不可能だ）という文では、to不定詞以下の内容が真の主語で、主語として文頭に仮にItを置き、真の主語を後ろにもってくる構造になっています。to不定詞の代わりに動名詞やthat節も使えます（☞ 例文4・5）。形式目的語とは、I thought it impossible to meet the deadline.のように、itが動詞の目的語になる形です。

ルール40　強調の用法もあります。It was in 1900 that the festival started.（その祭りが始まったのは1900年のことだ）のように、It is ～ that ...の「～」の語句を強調したいときに使う構文です。「～」が人ならthatの代わりにwhoも使えます。

基本例文

非人称の it 「天候」を表す形容詞

❶ ☐ It was hot and humid last night.
（昨夜は蒸し暑かった）

応用例文

❷ ☐ What day is it today?
（今日は何曜日ですか）

❸ ☐ It cost 50,000 yen to fix the roof.
（屋根を修理するのに5万円かかった）

❹ ☐ It was nice talking to you.
（お話しできてよかったです）

❺ ☐ It's important that you exercise regularly.
（定期的に運動をすることが重要です）

☐ humid 形 湿気のある　☐ cost 動（金額・費用）がかかる（過去形も cost）
☐ fix 動 ～を修理する　☐ roof 名 屋根　☐ exercise 動 運動する
☐ regularly 副 定期的に

第5章 代名詞

UNIT 26 名詞と冠詞

名詞と冠詞は密接な関係にあります。可算名詞・不可算名詞、定冠詞・不定冠詞の4つの観点で押さえていきましょう。

ルール41 名詞は大きく分けて2種類あり、dogやeggなどの数えられる名詞を可算名詞、waterやnewsなどの数えられない名詞を不可算名詞と言います。

冠詞と名詞は密接な関係にあります。冠詞の役割はたった1つ、名詞を修飾する語ということです。a camera、an old man、the hot waterのように、冠詞と名詞の間に修飾語があっても、冠詞は常に名詞につながっています。

冠詞も2種類あり、a / anは不定冠詞、theは定冠詞と言います。次の表で基本的な違いを見てみましょう。

不定冠詞（a / an）	定冠詞（the）
不特定の名詞につく	特定される名詞（すでに話題に出た名詞など）につく
原則として単数名詞につく	単数・複数名詞につく
可算名詞につく	可算名詞・不可算名詞につく

ルール42 冠詞の他のルールとして、例えばearthやweather、President、Internetなど、「唯一の物」を表す名詞にはa / anではなくtheがつきます。また、冠詞が不要な名詞もあります（無冠詞）（☞ 例文4）。「ベッド」はa bedでも、go to bedのbedには冠詞がつきません。名詞の意味・用法は、辞書を引けば、訳語とともに［通例 the ～］などの表記がありますので、地道に確認して知識を増やしていきましょう。

基本例文

不特定の名詞（man）につく不定冠詞 → An

可算名詞 → man

特定された名詞につく定冠詞 → the

可算名詞 → shop

❶ □ **An old man came into the shop.**
（1人の老人がその店に入ってきた）

応用例文

❷ □ **That's good news.**
（それはいい知らせですね）

❸ □ **I have a brother and two sisters.**
（私には兄弟が1人と姉妹が2人います）

❹ □ **I saw a movie last Sunday. The movie was about a lost dog.**
（日曜日に映画を見ました。その映画は迷い犬についてでした）

❺ □ **I ordered some cat food on the Internet.**
（私はインターネットでキャットフードを注文しました）

□ lost 形 道に迷った　□ order 動 〜を注文する
□ on the Internet インターネットで

第6章　冠詞・前置詞・接続詞

UNIT 27 前置詞① 基本用法

前置詞は数が多く、複数の意味がある前置詞もあり、覚えるのが大変です。ここでは効率的な覚え方を紹介します。

前置詞を覚える方法として、カテゴリー別と意味別とをうまく活用するとよいでしょう。カテゴリー別とは、例えば「場所」を表す前置詞としてunder（〜の下に）、in（〜の中に）、by（〜のそばに）などをまとめて覚える。「時」ならwithin（〜以内に）［期間内］、until（〜まで（ずっと））［継続］、by（〜までに）［期限］、「材料」ならof、from（〜から）というように。

意味別に覚えるというのは、前置詞そのものに備わっている基本的な意味を知り、そこから応用する方法です。例えばonの基本的な意味は「接触」です。そこから、It's on the table.だと物がテーブルに接触しているイメージになります。接していれば上下左右は関係ないので、on the wall、on the ceiling、on the headという応用が利きます。同様に、toは「到達点」、atは「（時でも場所でも）ある一点」が基本的な意味です。このような前置詞の基本の語義は辞書で確認できます。

ルール43 前置詞は名詞（相当語句）の前において使います。名詞相当語句というのは、名詞の働きをする語・句・節のことです。例えば、I'm interested in learning French cooking.では、learning（動名詞）以下が前置詞inの目的語で、名詞句になります。I'm interested in where he lives.（彼がどこに住んでいるか興味がある）では、where he livesは名詞節になります。「節」とは＜主語＋動詞＞がある形で、「句」にはこの形はありません。

基本例文

「〜と」（同伴・随伴） → with
「〜について」（関連） → about
「〜の」（所有・所属） → of

❶ ☐ I talked with him about the future of our company.
（私は会社の将来について彼と話しました）

応用例文

❷ ☐ What for?
（何のために？）

❸ ☐ The key is on the wall.
（鍵は壁に掛かっています）

❹ ☐ I'm interested in learning French cooking.
（フランス料理を習うことに興味があります）

❺ ☐ The contest will be held at the auditorium on the afternoon of July 1st.
（コンテストは7月1日の午後に講堂で行われます）

☐ wall 名 壁　☐ cooking 名 料理（法）　☐ contest 名 コンテスト
☐ held 動 hold（〜を催す）の過去分詞　☐ auditorium 名 講堂；会館

第6章 冠詞・前置詞・接続詞

UNIT 28 前置詞② 熟語をつくる前置詞

前置詞は1語で使う以外にも、動詞や形容詞、他の前置詞などと組み合わさって熟語を作ります。

ルール44 前置詞を使った熟語にはいろいろな組み合わせがあります。例えば、＜動詞＋前置詞＞の形ではlook for ～（～を探す）、get off ～（～を降りる）などがそうですね。＜動詞＋前置詞［副詞］＞などの形で1つの動詞の働きをするものを句動詞と言います。また、provide A with B（AにBを与える）のように動詞と前置詞の間に目的語が入る熟語もあります。

＜形容詞＋前置詞＞の形では、be interested in ～（～に興味がある）、be proud of ～（～を誇りに思う）など、＜前置詞＋名詞＞の形ではunder construction（建設中で）、to my surprise（驚いたことに）などの熟語があります。

2語以上で1つの前置詞の役割をする用法もあります（群前置詞と言う）。because of ～（～のために）、in front of ～（～の前に）、in spite of ～（～にもかかわらず）、in addition to ～（～に加えて）などがそうです。これらは語句全体が前置詞の働きをしており、「～」の部分にくる名詞（相当語句）がこれらの目的語にあたります。

I'm looking for some eye drops.

基本例文 CD29

＜動詞＋前置詞＞の句動詞 → Get off
Get off の目的語 → the bus
群前置詞「～の前で」 → in front of
in front of の目的語 → the library

❶ □ Get off the bus in front of the library.
（図書館の前でバスを降りてください）

応用例文

❷ □ I'm looking for some eye drops.
（目薬を探しています）

❸ □ Have you heard about the new product?
（新商品のことを聞きましたか）

❹ □ She is proud of her son.
（彼女は息子が自慢だ）

❺ □ The game was put off because of bad weather.
（悪天候のため、試合は延期になった）

❻ □ In addition to delicious food, that restaurant has great service.
（あのレストランはおいしい料理に加えてサービスもよい）

□ get off ～ ～を降りる　□ in front of ～ ～の前で　□ look for ～ ～を探す
□ eye drops 目薬　□ be proud of ～ ～を誇りに思う　□ put off ～ ～を延期する
□ in addition to ～ ～に加えて　□ delicious 形 おいしい
□ service 名 サービス；接客

第6章　冠詞・前置詞・接続詞

UNIT 29 等位接続詞

接続詞は、語と語、句と句、節と節などを結びます。「等位接続詞」と「従位接続詞」の2種類があります。

ルール 45 「等位接続詞」には and や but、or、for があります。等位接続詞は＜A ＋ 接続詞 ＋ B＞の形で使い、ルールは「等位」の文字通り、A と B には文法的に対等の要素がきます。

例えば cats and dogs では A、B ともに名詞、small but heavy では A、B ともに形容詞です。句や節［文］でも同じです。Would you like to eat out, or shall I cook something?（外食にする？ それとも何か作りましょうか？）では A、B はどちらも文ですね。

また、not A but B（A でなく B）や not only A but also B（A だけでなく B も）などの構文も同様です。His goal is not only to play in Europe but also to win the World Cup.（彼の目標はヨーロッパでプレイすることだけでなく、ワールドカップで優勝することでもある）では、A、B はともに to 不定詞です。both A and B（A も B も）や either A or B（A か B か）、neither A nor B（A も B も〜ない）なども同様で、これらを相関接続詞と言うこともあります。

> **もっと知りたい**
> so / therefore（それ故に）、however（しかしながら）、also / besides（その上）など、前後の節［文］をつなぐ働きをする語がありますが、これらは一般的に接続副詞と呼ばれ、語や句をつなぐことはできません。

基本例文

提案「〜したいですか」 → Would you like to eat out,
文と文を結んでいる → or
申し出「〜しましょうか」 → shall I cook

❶ ☐ Would you like to eat out, or shall I cook something?
（外食にする？ それとも何か作りましょうか？）

応用例文

❷ ☐ This box is small but heavy.
（この箱は小さいが重い）

❸ ☐ Hurry and you might be able to catch the last train.
（急げば最終電車に間に合うかもしれませんよ）

❹ ☐ I read the book both in Japanese and in English.
（私はその本を日本語でも英語でも読みました）

❺ ☐ However, her company is becoming bigger and bigger.
（しかしながら、彼女の会社はますます大きくなっている）

☐ eat out 外食する　☐ hurry 動 急ぐ　☐ （命令文+）and そうすれば
☐ catch 動 〜に間に合う　☐ however 副 しかしながら
☐ become＋形容詞 〜になる　☐ 比較級＋and＋比較級 ますます〜

UNIT 30 従位接続詞

when や because、if などの接続詞を「従位接続詞」と言います。また、これらと少し用法が異なる接続詞 that も詳しく見てみましょう。

ルール46 従位接続詞は、文頭でも文の途中でも使えます。接続詞に続く節を従節、もう一方の節を主節と言います。

例：When I was a child, I lived in Tokyo. / I lived in Tokyo when I was a child.（子どものとき、私は東京に住んでいました）。「時」を表す接続詞には、when、after、since などがあります。

ルール47 after や before、since など、接続詞と前置詞の両方の用法をもつ語もありますが、二者の違いとして、前置詞には語句が続き、接続詞には節が続きます。例：It's been raining since this morning.（前置詞）／ It's been raining since I got up.（接続詞）

他に、「原因・理由」を表す従位接続詞として because、since、as、「譲歩・条件」として if や although などがあります。

また、従位接続詞で忘れてはならないのが that です。that はいろいろな文構造で使われます。I know that he is a doctor.（彼が医者であることは知っている）だと、that 節は動詞 know の目的語です。I'm glad that you like it.（気に入ってもらえて嬉しい）のように、形容詞のあとに that 節を続けることもできます。なお、接続詞 that は、特に会話でよく省略します。

that 節は主語や補語になったり、同格の節を導いたりします。また、so [such] 〜 that ... や so that (S can) ... 構文の that も接続詞です（☞例文6）。例：The house was so expensive that nobody bought it.（その家は高すぎて誰も買わなかった）

基本例文

従位接続詞のあとは
＜主語＋動詞＞が続く
↓

❶ □ **I lived in Tokyo when I was a child.**
　　　主節　　　　　　従位接続詞　＋　従節

（子どものとき、私は東京に住んでいました）

応用例文

❷ □ **It's been raining since I got up.**
（起きたときからずっと雨が降っています）

❸ □ **I stayed home because it was really cold.**
（とても寒かったので家にいました）

❹ □ **If you have any questions, please feel free to ask.**
（質問があれば遠慮なく聞いてください）

❺ □ **The problem is that we can't meet her until next week.**
（問題は来週まで彼女に会えないことです）　　　　　　　［同格の that］

❻ □ **She spoke slowly so that everyone could understand her.**
（彼女はみんなが理解できるようにゆっくりと話した）

□ since 接 ～して以来　　□ please feel free to ～　遠慮なく～してください
□ problem 名 問題　　□ until 前 ～まで　　□ spoke 動 speak の過去形
□ slowly 副 ゆっくりと　　□ so that S can ～　Sが～できるように

第4章〜第6章 Quick Review 2

Q1 次の（　）内の人称代名詞（主格）を文意に合うように変えましょう。ただし、変えなくてよいものもあります。
ヒント には各設問の訳を示しています。

1. I'll call (you) tonight.

   ....

2. (She) opinion is similar to (I).

   ....　　..

3. What does (he) do in France?

   ....

4. Some of (we) colleagues are coming. Let's have

   ....

   lunch with (they).

   ....

5. Mary had to finish the assignment by (she).

   ....

ヒント
1 今夜あなたに電話します。
2 彼女の意見は私の（意見）と似ている。
3 彼はフランスで何の仕事をしているのですか。
4 私たちの同僚が何人か来ます。彼らと一緒に昼食をとりましょう。
5 メアリーは自分でその課題を終えなければならなかった。

Q2 次の（　）内に入る語句を、語群から選んで入れましょう。

1 Can you see (　　) bird over there?

> this　that　these　those

2 He (　　) be home now. He is out of town on business.

> must　mustn't　can't　may

3 This shirt is too small for me. Could you show me a bigger (　　)?

> one　ones　some　it

4 I was good at sports (　　) I was younger.

> and　when　but　that

5 The building (　　) front of my house is (　　) construction.

> on　under　at　in

ヒント
1 あそこの鳥が見えますか。
2 彼は今家にいるはずはありません。出張中ですから。
3 このシャツは私には小さすぎます。大きいものを見せていただけますか。
4 私は若いときスポーツが得意だった。
5 私の家の前の建物は建設中だ。

Quick Review 2

Q3 日本語を参考にして、英語を書いてみましょう。ヒントも参考にしてください。

1. 彼は私に3通のEメールを送った。
   ヒント　O_1 に O_2 を送る：send O_1 O_2

---

2. ものすごく暑いですね。窓を開けてもいいですか。
   ヒント　ものすごく：terribly

---

3. あのサングラスはいくらですか。
   ヒント　サングラス：sunglasses

---

4. お水をください。
   ヒント　〜をください：I'd like 〜

---

5. その小説を読むのに1か月かかった。
   ヒント　Oが〜するのに…がかかる：＜ It takes ＋ O ＋時間＋ to 〜＞

---

6 今週末天気がよければ、キャンプに行きましょう。

> **ヒント** 天気：weather　　キャンプに行く：go camping

---

7 彼らのプロジェクトがうまくいくことを望みます。

> **ヒント** プロジェクト：project　　うまくいく：successful

---

8 （私が）もう1本ワインを開けましょうか。

> **ヒント** ワイン1本は bottle で数える。

---

9 私は今日、残業しなくてよいかもしれません。

> **ヒント** 残業する：work overtime

---

10 蛇口の水漏れを修理していただけませんか、それとも配管工に電話した方がよいでしょうか。

> **ヒント** 蛇口の水漏れ：leaky faucet　　配管工：plumber

Quick Review 2
正解と解説

Q1

1 I'll call (you) tonight.
解説 動詞の目的語なので代名詞は目的格。you の目的格（〜を［に］）は you。

2 (Her) opinion is similar to (mine).
解説 あとに名詞が続くとき、代名詞は所有格（〜の）。she の所有格は her。所有代名詞 mine（私のもの）は my opinion（私の意見）ということ。

3 What does (he) do in France?
解説 he は主語。主語にあたる代名詞は主格（〜は［が］）。

4 Some of (our) colleagues are coming. Let's have lunch with (them).
解説 colleagues（同僚）と名詞が続くので we は所有格にする。前置詞（with）のあとは目的格。they の目的格は them。

5 Mary had to finish the assignment by (herself).
解説 by oneself は「独力で；自分で」の意味。再帰代名詞が適切。

Q2

1 Can you see (that) bird over there?

解説 over there（あそこに）より、遠くの物に対して使う that（あの）が適切。bird は単数形なので、複数名詞に使う those は不可。

2 He (can't) be home now. He is out of town on business.

解説 2文目の内容から、「〜はずがない」を表す can't が適切。couldn't でも同じ意味。

3 This shirt is too small for me. Could you show me a bigger (one)?

解説 「（これよりも）大きいシャツを見せていただけますか」という意味。名詞の繰り返しを避けるために、空所には shirt の代わりになる代名詞が入る。不特定のシャツ 1 枚を表す one が適切。不定冠詞 a が単数を表し、ones は不可。

4 I was good at sports (when) I was younger.

解説 「〜とき」を表す接続詞の when が適切。be good at 〜は「〜が得意だ」。

5 The building (in) front of my house is (under) construction.

解説 それぞれ in front of 〜は「〜の前に」、under construction は「建設中；工事中」という意味の群前置詞。主語が The building で動詞が is の文。

Quick Review 2
正解と解説

Q3

1 He sent me three e-mails.
解説 e-mail は可算名詞・不可算名詞の両方の用法があるが、数を表す語句と一緒に使うときは常に可算名詞扱い。

2 It's terribly hot. Can I open the window(s)?
解説 主語に寒暖を表す it を使う。許可表現は Can [May] I ～？など。この window のように、状況で特定できる名詞には定冠詞 the を使う。

3 How much are those sunglasses?
解説 サングラスや靴、手袋など左右がある物の名詞は複数形。また、その代名詞（限定詞）も名詞の数に一致させること。日本語で「あのサングラス」でも ×that sunglasses ではないので注意。ただし、手袋や靴など左右離れる物は単数形でも使う。例えば、1足で shoes、片方で shoe。

4 I'd like some water.
解説 「～をください」は＜I'd like ＋ 名詞＞で覚えておくとよい。I'd は I would の短縮形。water は不可算名詞で冠詞の代わりに some をつける。なお、この some に量の意味合いはないので特に訳さない。

5 It took me a month to read the novel.
解説 主語に時を表す it を使う。この take は「（時間が）かかる」の意。

6 If the weather is nice this weekend, let's go camping.

解説　「もし〜なら」を表す接続詞 if を使う。weather の冠詞は the。主節と従節は逆でもよい。nice は good や fine などでも OK。

7 I hope (that) their project will be successful.

解説　「〜と望む」は I hope (that) 〜。接続詞 that は省略可。that 節は未来時制にすること。ただし I hope you like it. など、will を使わない定型表現もある。

8 Shall I open another bottle of wine?

解説　「(私が) 〜しましょうか」は Shall I 〜 ?。wine は不可算名詞で、数えるときは a bottle of 〜だが、「もう1本 (別の1本)」なので a を another に。

9 I might [may] not have to work overtime today.

解説　「〜かもしれない」の might [may] と「〜しなくてよい」の not have to を組み合わせる。語順に気をつけよう。

10 Could you repair [fix] the leaky faucet, or should I call the plumber?

解説　2択の質問は＜疑問文 , or 疑問文？＞で表す。丁寧な依頼表現は Could [Would] you 〜 ? など。後半は「〜した方がよい；〜すべき」を表す助動詞 should の疑問文。

Column 2 会話で必須の文法
<助動詞 + have + 過去分詞>

「中学英語で日常会話がほぼ話せる」とよく言われていますが、ここでは、中学英語では表現できない文法の1つ、<助動詞 + have + 過去分詞>を取り上げます。過去の行為についての非難や後悔、過去のことに関する推量を表すときに便利で、特に会話で使います。例文とともに確認しましょう。

● 非難や後悔

<should have + 過去分詞>（〜すべきだったのに）
I should have brought a hat.
帽子を持ってくるべきだったわ。（実際には持ってこなかった）
※推量で「〜するはずだった」「〜したはずだ」の意味も。

<needn't have + 過去分詞>（〜する必要はなかったのに）
You needn't have bought a new bed.
君は新しいベッドを買う必要はなかったのに。（実際は買った）

比較 ▶ **I didn't need [have] to buy a new bed because a friend gave me one.**
私は新しいベッドを買う必要がなかった。友人が1つくれたので。

● 推量

<might / may / could have + 過去分詞>（〜したかもしれない）
She might have called you while you were sleeping.
君が眠っている間に彼女が電話をしたかもしれないよ。

<couldn't / cannot / can't have + 過去分詞>（〜したはずがない）
Bob couldn't have sold that car.
ボブがあの車を売ったはずはない。

<must have + 過去分詞>（〜したに違いない）
Something must have happened between them.
彼らの間に何かあったに違いない。

第3部

不定詞や動名詞、受動態など、
中学・高校英語の中でもつまずきやすい
項目ですので、丁寧に見ていきましょう。

第7章 **UNIT 31 〜 UNIT 35**
不定詞

第8章 **UNIT 36 〜 UNIT 40**
動名詞・受動態・命令文

第9章 **UNIT 41 〜 UNIT 45**
分詞・使役動詞・知覚動詞

魔法の英文法
ルール 48 〜 ルール 72

UNIT 31 to不定詞① 名詞的用法

to 不定詞とは、＜to ＋動詞の原形＞という形です。to 不定詞は、名詞・形容詞・副詞の働きをします。まず、名詞的用法から見ていきましょう。

ルール48 to不定詞の名詞的用法は、「〜すること」という意味を表し、名詞と同じように、主語・目的語・補語になることができます。

To teach is to learn twice.（教えることは二度学ぶことである）では、To teach が主語、to learn twice が補語になっています。

I like to sing old songs at karaoke.（私は古い歌をカラオケで歌うのが好きだ）では、to sing 以下は動詞 like の目的語になっています。「歌うことを＋好む」という関係です。

ルール49 動詞とto不定詞には相性があり、すべての動詞が目的語にto不定詞をとれるわけではありません。decide（〜を決める）、hope（〜を望む）、fail（〜に失敗する）、afford（〜の余裕がある）がto不定詞を目的語にとる動詞の代表例です。これらは、decide to、hope to、fail to、afford to という形で頭に入れておくほうが便利でしょう。

逆に mind（〜を気にする）、enjoy（〜を楽しむ）、finish（〜を終える）などは動名詞を目的語にとり、to不定詞を目的語にはとりません。

もっと知りたい
to不定詞を否定する場合は、to の前に not を付けます。
He decided not to accept an offer from the company.（彼はその会社からのオファーを受けないことに決めた）

基本例文

to 不定詞が主語になっている。「～することは」の意味

to 不定詞が補語になっている。「～すること（である）」の意味

❶ □ To teach is to learn twice.
　　　名詞的用法の to 不定詞

（教えることは二度学ぶことである）

to 不定詞が目的語になっている。「～することを」の意味

❷ □ I like to sing old songs at karaoke.
　　　　　　名詞的用法の to 不定詞

（私は古い歌をカラオケで歌うのが好きだ）

応用例文

❸ □ My dream when I was young was to be an actress.

（私の若い頃の夢は女優になることだった）

❹ □ He decided to accept an offer from the company.

（彼はその会社からのオファーを受けることに決めた）

❺ □ I can't afford to buy a new car just now.

（今、私に新車を買う余裕などない）

❻ □ The boss asked me to finish the report today.

（上司は私にその報告書を今日仕上げるように頼んだ）

□ actress 名 女優　　□ accept 動 ～を受け入れる　　□ afford to ～　～する余裕がある
□ ask O to do　O に～するように頼む

第7章 不定詞

UNIT 32 to不定詞② 形容詞的用法

to不定詞の形容詞的用法は、本来の形容詞の働きから考えると理解しやすいでしょう。

形容詞とは「名詞を修飾する」という働きをします。an interesting story（面白い→話）なら、形容詞のinterestingがstoryを修飾していますね。to不定詞の形容詞的用法も同じように名詞を修飾する役割をします。

ルール50 ただ、異なるところは、形容詞はふつう名詞の前に置くのですが、形容詞的用法のto不定詞は常に名詞の後ろに置きます。「〜するための」「〜するという」「〜すべき」という意味になります。

I want something to drink.（何か飲み物がほしい）では、to drink（飲むための）が直前のsomething（何か）を後ろから修飾するという形になっています。

There are many places to visit in Kyoto.（京都には訪れるべきたくさんの場所がある）では、to visit（訪れるべき）がmany placesを修飾しています。

I have a plan to start my business.（私には起業するという計画がある）も同じように、to start my business（起業するという）が直前のa plan（計画）を修飾しています。

会話で使うときには、まず名詞を言ってから、その名詞を付加説明するという感覚で使うといいでしょう。

基本例文

直前の something を修飾する。つまり、形容詞と同じ役割

❶ ☐ I want something to drink.

形容詞的用法の to 不定詞

（何か飲み物がほしい）

応用例文

❷ ☐ There are many places to visit in Kyoto.
（京都には訪れるべきたくさんの場所がある）

❸ ☐ I have a plan to start my business.
（私には起業するという計画がある）

❹ ☐ We need several engineers to help with the project.
（そのプロジェクトを手伝ってくれるエンジニアが数人必要だ）

❺ ☐ I have nothing to do with the matter.
（私はその件には何の関係もありません）

☐ start one's business　起業する　　☐ engineer　名 エンジニア；技術者
☐ have nothing to do with ～　～に関係がない　　☐ matter　名 事柄；問題

UNIT 33 to不定詞③ 副詞的用法

to不定詞の副詞的用法は、副詞と同じ働きをします。動詞を修飾するものと、形容詞を修飾するものに分けて考えるとわかりやすいでしょう。

ルール51 to不定詞の副詞的用法で、動詞を修飾するのは、「〜するために」（目的）、「その結果〜」（結果）を表す場合です。

目的を表す用法は一番簡単です。**I entered the university to get an MBA.**（私は経営学修士を取るためにその大学に入学した）では、**to get an MBA**が「経営学修士を取るために」という目的を表し、副詞と同様に、動詞の**entered**を修飾しています。

I came home only to find out my house had been robbed. では、「家に帰って」→「〜とわかった」という関係なので、**to find out ...** は結果を表しています。文の構造上は、**to**不定詞が動詞**came**を修飾しています。

ルール52 to不定詞の副詞的用法で、形容詞を修飾するのは、「〜して」（感情の原因）、「〜するとは；〜するなんて」（判断の根拠）を表す場合などです。

I'm very pleased to work with you.（あなたと一緒に仕事ができてとても嬉しいです）では、**to work with you**（一緒に仕事ができて）が**very pleased**の原因となっています。「一緒に仕事ができる（ことによって）」→「嬉しい」という関係で、形容詞を修飾しています。

また、例文5も**to make**以下が形容詞**ready**を修飾していますが、一定の形容詞と**to**不定詞が結びつくもので、イディオムとして覚えておくと便利です。**be sure to 〜**（きっと〜する）も同様です。

基本例文

「〜するために」と目的を表す。動詞 entered を修飾していて、副詞の役割

❶ ☐ I entered the university to get an MBA.
（私は経営学修士を取るためにその大学に入学した）

「〜して」と感情の原因を表す。形容詞 pleased を修飾していて、副詞の役割

❷ ☐ I'm very pleased to work with you.
（あなたと一緒に仕事ができてとても嬉しいです）

応用例文

結果を表す

❸ ☐ I came home only to find out my house had been robbed.
（私は家に帰って、泥棒に入られたとわかった）

判断の根拠を表す

❹ ☐ You are very wise to reject the offer.
（その申し出を断るとは君はとても賢明だよ）

形容詞を修飾する

❺ ☐ I'm ready to make the presentation.
（私はそのプレゼンをする準備ができています）

☐ MBA (Master of Business Administration) 経営学修士号
☐ pleased 形 嬉しい　☐ rob 動 〜を奪う；〜に泥棒に入る　☐ wise 形 賢明な
☐ reject 動 〜を断る　☐ presentation 名 発表；プレゼン

第7章 不定詞

UNIT 34 to不定詞を使った構文

to不定詞には、よく使う定型的な表現があります。例文とともに覚えておくと、必要な場面ですぐに使うことができるでしょう。

ルール53 to不定詞を使う定型表現の代表的なものが、... enough to ～（～するのに十分…な）と too ... to ～（あまりに…なので～できない）です。enoughの前、tooの後ろは形容詞または副詞です。

... enough to ～ の例は、Mika is smart enough to solve the problem.（ミカはその問題を解決できるくらい十分に頭がいい）で、to solve以下がsmart enoughを修飾していて、to不定詞の副詞的用法になっています。

too ... to ～の例は、Today I was too busy to have lunch.（今日はあまりに忙しくて、昼食を食べられなかった）で、to have以下はtoo busyを修飾しているので、これもto不定詞の副詞的用法です。

ルール54 to不定詞は、さまざまな疑問詞と結びついて、＜疑問詞 + to不定詞＞の形で使うことができます。I don't know what to do next.なら、「私は次に何をすべきかわからない」という意味になります。where to goで「どこに行けばいいか」、how to useで「どのように使えばいいか」、when to replyで「いつ返事をすればいいか」という意味です。

その他では、seem to ～（～のようである；～に思われる）、happen to ～（たまたま～する）、so ... as to ～（～するほど…な）などもこの形で覚えておきましょう。

基本例文

> ... enough to ～で「～するのに十分…な」。
> enough は後ろから形容詞または副詞を修飾する

❶ ☐ Mika is smart enough to solve the problem.
（ミカはその問題を解決できるくらい十分に頭がいい）

> too ... to ～で「あまりに…なので～できない」。
> 「～するには…すぎる」と訳してもよい

❷ ☐ Today I was too busy to have lunch.
（今日はあまりに忙しくて、昼食を食べられなかった）

応用例文

❸ ☐ I don't know what to do next.
（私は次に何をすべきかわからない）

❹ ☐ Their relationship seemed to be quite good.
（彼らの関係はとても良好に思えた）

❺ ☐ I happened to meet my ex-girlfriend in the movie theater.
（私はその映画館でたまたま昔のガールフレンドに出くわした）

❻ ☐ The mistake was so small as to go unnoticed by everyone.
（そのミスはだれにも気づかれないほど小さなものだった）

☐ smart 形 頭のいい；賢い　☐ solve 動 ～を解決する　☐ relationship 名 関係
☐ ex- 接頭辞 元の　☐ go unnoticed 見つからずに済む

第7章 不定詞

UNIT 35 原形不定詞・完了不定詞

不定詞には、to を使わず動詞の原形だけで用いる「原形不定詞」があります。また、最後に「完了不定詞」も見ておきましょう。

　　原形不定詞には、主に①知覚動詞・使役動詞と一緒に使う、②慣用表現で使う、という2つの用法があります。

　　知覚動詞は、see（見る）、hear（聞く）、feel（感じる）、notice（気づく）などです。使役動詞は、have（～してもらう）、let（～させる）、make（～させる）などです。

ルール55 知覚動詞・使役動詞ともに＜動詞＋目的語＋原形不定詞＞の形をとることができます。

I saw them enter an expensive restaurant.（私は彼らが高級レストランに入るのを見た）なら、enter以下は補語の役割ですが、enterはtoを付けずに原形のままで使います。

他には、＜help ＋ O ＋ 原形不定詞＞（Oが～するのを助ける）もよく使います（☞例文3）。

原形不定詞を使う慣用表現には日常的によく使うものがあります。＜had better ＋ 原形不定詞＞（～するほうがいい）、＜would rather ＋ 原形不定詞 (than ...)＞（[…よりも]むしろ～したい）、＜cannot help but ＋ 原形不定詞＞（～せずにはいられない）などです。

ルール56 完了不定詞は、to不定詞が述語動詞（述部の中心となる動詞）よりも前のこと（時）を表すのに使います。＜to have ＋ 動詞の過去分詞＞の形です。The flight appears to have been delayed. は、フライトが遅れていて、話者は遅れたというすでに起こったことを話しているわけです（☞例文2）。

基本例文

> to のない原形不定詞。「…が～するのを見た」の意

❶ ☐ I saw them enter an expensive restaurant.
原形不定詞
（私は彼らが高級レストランに入るのを見た）

> すでに起こったことを話しているので、to 不定詞の完了形を使っている

❷ ☐ The flight appears to have been delayed.
完了不定詞＜to have ＋ 過去分詞＞
（そのフライトは遅れているようです）

応用例文

❸ ☐ Can you help me move this desk?
（この机を動かすのを手伝ってくれない？）

❹ ☐ You had better take the subway to city hall.
（市役所に行くには地下鉄を使ったほうがいいですよ）

❺ ☐ I couldn't help but tell the truth.
（私は事実を言わざるを得なかった）

❻ ☐ I'd rather live in the countryside than in the city.
（私は都会よりも田舎に住みたい）

☐ expensive 形 値段が高い　　☐ appear to ～　～のようだ　　☐ be delayed 遅れる
☐ city hall 市役所　　☐ tell the truth 本当のことを言う　　☐ countryside 名 田舎

第7章 不定詞

UNIT 36 動名詞

動名詞は、その名の通り、動詞の形を変えて、名詞と同じ働きをするものです。

ルール57 動名詞は＜動詞の原形 + ing＞という形です。名詞と同じ働きをするので、主語、目的語、補語の役割をします。

Mastering a foreign language takes many years.（外国語をマスターするには何年もかかる）では、動名詞masteringが、主語の役割をしています。動名詞が主語の場合には、この例のように「外国語をマスターすること」は1つの事象ですから、単数として扱われるので、動詞takeには三単現のsが付きます。

I enjoyed playing golf with you today.（今日はゴルフをご一緒できて楽しかったです）では、playingという動名詞が動詞enjoyedの目的語になっています。

なお、目的語になる場合には、動詞によって動名詞が続く場合とto不定詞が続く場合がありますが、詳しくはUNIT 37で扱います。

His hobby is collecting vintage wines.（彼の趣味はビンテージワインを集めることです）では、collecting ...は補語の役割をしていて、My hobby ＝ collecting ...の関係が成立しています。

ルール58 動名詞がto不定詞と大きく違うのは、前置詞に続ける（前置詞の目的語になる）ことができることです。例文4なら、前置詞toのあとに動名詞hearingが、例文5なら前置詞afterのあとに動名詞finishingが続いています。

基本例文

<master + ing>で動名詞。
主語の役割をする
↓

❶ ☐ Mastering a foreign language takes many years.
（外国語をマスターするには何年もかかる）

応用例文

❷ ☐ I enjoyed playing golf with you today.
　　　　　　　　目的語

（今日はゴルフをご一緒できて楽しかったです）

❸ ☐ His hobby is collecting vintage wines.
　　　　　　　　　　補語

（彼の趣味はビンテージワインを集めることです）

❹ ☐ I'm looking forward to hearing from you.
　　　　　　　　　　　　　　前置詞に続く（前置詞の目的語）

（おたよりを心待ちにしております）

❺ ☐ She traveled around the world after finishing college.
　　　　　　　　　　　　　　　　　　　　前置詞に続く（前置詞の目的語）

（彼女は大学を終えたあと、世界中を旅した）

☐ vintage 形 年代ものの；ビンテージの　　☐ look forward to 〜　〜を楽しみに待つ
☐ hear from 〜　〜からたより（連絡）がある　　☐ around the world　世界中（を）

第8章　動名詞・受動態・命令文

UNIT 37 動名詞・to不定詞を目的語にとる動詞

動名詞と to 不定詞は、動詞に続けることができますが、どちらを使うかは動詞との相性によります。

ルール 59 動詞と動名詞・to不定詞の関係は、動詞が目的語に①動名詞のみとる、② to不定詞のみとる、③どちらもとって同じ意味、④どちらもとるが、動名詞・to不定詞で意味が異なる、という4つのパターンがあります。

enjoy（楽しむ）、finish（終える）、avoid（避ける）、mind（気にする）、keep（続ける）などは、動名詞のみしか目的語にとりません（☞例文1）。

want（欲しい）、plan（計画する）、decide（決める）、mean（つもりである）、agree（賛成する）、expect（期待する）、promise（約束する）などは、to不定詞のみしか目的語にとりません（☞例文2）。

like（好む）、begin（始める）、continue（続ける）、propose（提案する）などは、動名詞・to不定詞ともに目的語にとります。また、動名詞でもto不定詞でも意味は変わりません。

一方、rememberやforget、regretなども動名詞・to不定詞の両方を目的語にとりますが、動名詞とto不定詞で意味が変わります。

	（動名詞）	（to不定詞）
remember	「〜したことを覚えている」	「〜することを覚えている」
forget	「〜したことを忘れる」	「〜し忘れる」
regret	「〜したことを後悔する」	「残念ながら〜する」

基本例文

動詞 mind に続くのは動名詞だけ

❶ ☐ Do you mind opening the window?
（窓を開けていただけませんか）

動詞 plan に続くのは to 不定詞だけ

❷ ☐ I plan to retire before fifty.
（私は50歳前に引退する計画です）

応用例文

❸ ☐ She kept talking about her honeymoon trip.
（彼女は自分の新婚旅行について話し続けた）

❹ ☐ My friend promised to visit my home in the countryside.
（私の友人は私の田舎の家を訪れると約束した）

❺ ☐ I remember putting my purse on the shelf in the subway.
（ハンドバッグを地下鉄の棚に置いたのを覚えている）

❻ ☐ Please remember to pay these bills.
（これらの請求書の支払いをするのを覚えていてね）

☐ retire 動 引退する　☐ honeymoon trip 新婚旅行　☐ purse 名 ハンドバッグ
☐ shelf 名 棚　☐ pay 動 〜を支払う　☐ bill 名 請求書

第8章 動名詞・受動態・命令文

UNIT 38 受動態と能動態

「受動態」は「〜される」という受け身の意味を表します。「能動態」(〜する) と受動態 (〜される) を比較しながら用法を覚えましょう。

受動態について考える前に、能動態を考えてみましょう。能動態は「人・物・事が〜する」というふつうの文のことで、例を挙げると、The boss accepted my proposal.（上司は私の提案を受け入れた）のような文です。これは＜主語＋動詞＋目的語＞という構造で、第3文型であることを思い出した方も多いでしょう。

これに対して、受動態は My proposal was accepted by the boss. となり、「私の提案は上司に受け入れられた」という意味になります。

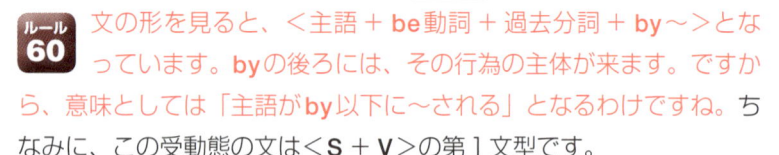

ルール60 文の形を見ると、＜主語 ＋ be動詞 ＋ 過去分詞 ＋ by〜＞となっています。by の後ろには、その行為の主体が来ます。ですから、意味としては「主語が by 以下に〜される」となるわけですね。ちなみに、この受動態の文は＜S ＋ V＞の第1文型です。

能動態を使うか、受動態を使うかは話者の意図によります。主語がその文のテーマになるので、上記の例では、上司がテーマなら能動態を、私の提案がテーマなら受動態を選択します。

ルール61 なお、by 〜の部分は、話者の間で了解済みの場合や、述べる必要のない場合には省略されます（☞例文3）。

> **もっと知りたい**
>
> 第4文型＜S ＋ V ＋ O₁ ＋ O₂＞の受動態は、＜O₁ ＋ be動詞 ＋ Vの過去分詞 ＋ O₂＞（☞例文4）、および＜O₂ ＋ be動詞 ＋ Vの過去分詞 ＋ for / (to) ＋ O₁＞となります。第5文型＜S ＋ V ＋ O ＋ C＞の受動態は、＜O ＋ be動詞 ＋ Vの過去分詞 ＋ C＞の形です（☞例文5）。

基本例文

受動態のつくり方
① 能動態の目的語が主語になる
② ＜be 動詞＋過去分詞＞で「～される」という受け身の意味を表す
③ 能動態の主語は by の後ろに置く

主語　　　動詞　　　目的語
The boss accepted my proposal.

❶ ☐ **My proposal was accepted by the boss.**
　　　主語　　　be 動詞＋過去分詞　　　動作の主体

（私の提案は上司に受け入れられた）

応用例文

❷ ☐ **I was really impressed by your speech.**
（あなたのスピーチにとても感銘を受けました）

❸ ☐ **Flash photography is prohibited in the building.**
（館内ではフラッシュ撮影は禁止されています）

❹ ☐ **Roy was given the company's annual award.**
（ロイは年間社員賞を授与された）

※ give の場合は O₂ を主語にして、The company's annual award was given (to) Roy. も可能。

❺ ☐ **Chicago is called "the Windy City."**
（シカゴは「風の街」と呼ばれる）

☐ accept 動 ～を受け入れる　☐ proposal 名 提案　☐ impress 動 ～を印象づける
☐ flash photography フラッシュ撮影　☐ prohibit 動 ～を禁止する
☐ annual 形 年間の　☐ award 名 賞　☐ windy 形 風の強い

UNIT 39 受動態の用法

受動態にはbyを使う基本形の他に、さまざまな前置詞を使うバリエーションがあります。また、感情表現は受動態が好まれます。

ルール62 by以外の前置詞を使う受動態は、慣用的に決まった形のものが多く、前置詞とセットでイディオムとして覚えておくと便利です。

The mountain top is covered with snow. では、前置詞withが使われていて、be covered with ～（～で覆われている）が定型表現のように使われます。

Kamakura is known for the Giant Buddha. では、前置詞forが使われ、be known for ～（～で知られている）が定型表現になっています。

他には、be filled with ～（～でいっぱいである）、be interested in ～（～に関心がある）、be made of [from] ～（～でできている）、be accustomed to ～（～に慣れている）などがあります。

感情表現を表す動詞はplease、satisfy、confuse、moveなどで、意味はそれぞれ、「～を喜ばせる」、「～を満足させる」、「～を困惑させる」、「～を感動させる」と、能動態では「～させる」という意味です。

ルール63 受動態で使うことで、be pleased（喜ぶ）、be satisfied（満足する）、be confused（困惑する）、be moved（感動する）という意味になるのです。pleasedやsatisfiedなどは形容詞化しています。

もっと知りたい　被害を表すときにも、受動態がよく使われます。I was injured in the football match.（私はサッカーの試合で怪我をした）が例で、日本語では「怪我をした」と、受け身ではありません。

基本例文

be covered with という定型表現として使われる

❶ ☐ The mountain top is covered with snow.
（山頂は雪で覆われている）

move（〜を感動させる）は受け身にして、be moved（感動する）

❷ ☐ I was very moved by your kindness.
（ご親切に感激しました）

応用例文

❸ ☐ Kamakura is known for the Giant Buddha.
（鎌倉は大仏で知られています）

❹ ☐ I'm confused about what's going on now.
（私は今起きていることに困惑しています）

❺ ☐ I'm satisfied with your company's service.
（御社のサービスには満足しています）

❻ ☐ My friend was killed in the plane accident.
（私の友人はその飛行機事故で亡くなりました）

☐ kindness 名 親切   ☐ Buddha 名 仏；仏像   ☐ go on 起こる
☐ accident 名 事故

第8章 動名詞・受動態・命令文

UNIT 40 命令文

「～しなさい」と人に命じたり、「～してください」と人に頼んだりするときに使うのが命令文です。

ルール64 命令文はYouという主語を置かずに、動詞の原形で始めます。Call me Ken.なら、「僕のことはケンと呼んで」という意味です。be動詞も同様の形で、Be quiet!で「静かにして！」の意味となります。

Pleaseをつければ「～してください」と少し丁寧になりますが、命令口調には変わりはないので、相手がそうしなければいけないことが状況的に決まっているときなどに限って使うようにしましょう。相手に何かを頼むときには、Could you ～?などの丁寧な依頼表現がベターです。

ルール65 否定の命令文は、動詞の原形の前にDon'tをつけて、＜Don't ＋ 動詞の原形 ～＞の形になります。Don't do anything like that ever again.なら「そんなことは二度としちゃダメ」という意味です。

be動詞で始まる命令文でも、否定はDon'tを使って、Don't be nervous.（神経質にならないで）のように使います。

文頭にLet'sをつけ＜Let's ＋ 動詞の原形 ～＞の形にすると、「～しましょう」という意味の勧誘表現になります。Let's meet for a drink Friday.なら（金曜は一緒に飲みましょう）と、相手を誘うことができます。

基本例文

〈命令文のつくり方〉

動詞の原形を文頭に

❶ ☐ Call me Ken.
（僕のことはケンと呼んで）

〈否定の命令文〉

Don't を文頭に置いて、＜ Don't ＋動詞の原形＞にする

❷ ☐ Don't do anything like that ever again.
（そんなことは二度としちゃダメ）

応用例文

❸ ☐ Be quiet!
（静かにして！）

❹ ☐ Please fill in the immigration form before landing.
（着陸前に入国書類の記入をお願いします）

❺ ☐ Let's meet for a drink Friday.
（金曜は一緒に飲みましょう）

☐ fill in （書式などに）記入する　　☐ immigration form 入国書類　　☐ landing 名 着陸

UNIT 41 現在分詞

分詞には2種類あります。現在分詞と過去分詞です。用法は共通するものと異なるものがあります。

ルール66 現在分詞は＜動詞＋ ing ＞、過去分詞は＜動詞＋ ed ＞で表します。形からもおわかりのように、現在分詞は「能動的」な意味を、過去分詞は「受動的」な意味を担います。

まず、現在分詞から見ていきましょう。

ルール67 現在分詞の役割は、①名詞を修飾する、②補語になる、③進行形をつくる、④分詞構文をつくる、の4つです。

① a winding road は「曲がりくねる道」で、現在分詞の winding が road を修飾しています。形容詞と同じ役割をしているわけです。

現在分詞（過去分詞も同様）が名詞を修飾するときは、現在分詞1語の場合は名詞の前に置きますが、現在分詞が他の言葉を従えて2語以上になっている場合には名詞の後ろに置きます。「屋根の上で眠っている猫」なら a cat sleeping on the roof となります。

② I had my client waiting for an hour.（顧客を1時間待たせてしまった）は＜S＋V＋O＋C＞の第5文型で、現在分詞の waiting が補語の役割を果たします。

③の進行形の例は、I'm looking for a job now.（私は今、求職中です）で、＜be動詞＋動詞ing＞の形です。

④の分詞構文は UNIT 43 で紹介します。

基本例文

現在分詞が前から名詞を修飾する

❶ ☐ **We drove along a winding road for a long time.**
（私たちは曲がりくねる道を長い間、車で走った）

現在分詞以下が後ろから名詞を修飾する

❷ ☐ **The cat sleeping on the roof is Hanako.**
（屋根の上で眠っている猫がハナコです）

応用例文

❸ ☐ **Vietnam is a developing country.**
　　　　　　　　名詞を修飾する

（ベトナムは発展途上国です）

❹ ☐ **I had my client waiting for an hour.**
　　　　　　　　　　補語の役割

（顧客を1時間待たせてしまった）

❺ ☐ **I'm looking for a job now.**
　　　　進行形として

（私は今、求職中です）

☐ roof 名 屋根　　☐ develop 動 発展する　　☐ client 名 顧客

第9章　分詞・使役動詞・知覚動詞

UNIT 42 過去分詞

過去分詞は現在分詞といくつかの点で機能が共通しますが、現在分詞が進行形をつくるのに対して、過去分詞は受動態や完了形をつくります。

ルール68 過去分詞の役割は、①名詞を修飾する、②補語になる、③受動態をつくる、④完了形をつくる、⑤分詞構文をつくる、の5つです。

① the renovated room は「リフォームされた部屋」という意味で、過去分詞のrenovated（リフォームされた）が形容詞のように名詞のroomを修飾しています。現在分詞と同じように、過去分詞1語の場合は前から名詞を修飾しますが、2語以上だと後ろから名詞を修飾します。「その評論家に推奨された本」はthe book recommended by the critic となります。

② I had my car repaired.（私は車を修理してもらった）は＜S + V + O + C＞の第5文型で、過去分詞のrepairedは補語の役割です。

③の受動態はすでに学びましたが、＜be動詞 + 過去分詞＞の形になります（☞例文4）。

④の完了形は＜have + 過去分詞＞の形を使います（☞例文5）。

⑤の分詞構文はUNIT 43で紹介します。

ここに注目 過去分詞のつくり方は、規則動詞の場合にはedをつけるだけです。語尾がeで終わるものはdのみをつけます。＜子音字 + y＞の場合は、yをiに変えてedをつけます。ただし、不規則動詞の場合には、それぞれの過去分詞の形を覚えておく必要があります。

基本例文

過去分詞が前から名詞を修飾する

❶ □ **I'm satisfied with the renovated room.**

（私はリフォームされた部屋に満足です）

過去分詞以下が後ろから名詞を修飾する

❷ □ **I bought the book recommended by the critic.**

（私はその評論家に推奨された本を買った）

応用例文

❸ □ **I had my car repaired.**
　　　　　　　　　補語の役割

（私は車を修理してもらった）

❹ □ **These clothes are all made in China.**
　　　　　　　　　　　　受動態で使う

（これらの服はみんな中国製です）

❺ □ **I have just sent an e-mail to you.**
　　　　　　　　完了形で使う

（ちょうどあなたにメールしたところです）

……………………………………………………………………
□ renovate 動 〜を改装する；〜をリフォームする　□ recommend 動 〜を推奨する
□ critic 名 評論家　□ repair 動 〜を修理する

第9章　分詞・使役動詞・知覚動詞

UNIT 43 分詞構文

分詞構文とは、現在分詞または過去分詞を使って副詞句をつくるものです。主に書き言葉として使い、会話ではあまり使いません。

ルール69 分詞構文の特徴は、①分詞で始まる、②主文との間にふつうコンマが入る、③＜接続詞＋主語＋述語動詞＞に置き換えられる、の3つです。

Staying in New York, I went to jazz bars every evening. は、①Stayingで始まっていて、②主文（I went ...）とコンマでつながっていて、③この分詞構文の句は「時」を表しますから、When [While] I was staying in New York, という節に書き換えられます。

過去分詞の場合も同様です。Impressed by his lecture, I contacted Professor Li. (☞例文2) では、分詞構文の句は「原因・理由」を表しますから、Because [As, Since] I was impressed by his lecture, と書き換え可能です。なお、過去分詞の分詞構文は本来＜Being ＋過去分詞＞ですが、文頭のBeingは多くの場合、省略されます。

分詞構文を否定形で使う場合には、分詞の前にnotを付けます（☞例文4）。

ルール70 分詞構文の分詞の主体（省略されている主語）は、主文の主語に一致するのが原則です。もし、主文の主語に一致しない場合には、その主語を分詞の前に置いて示す必要があります（☞例文5）。このような、主文と主語が一致しない分詞構文を独立分詞構文と呼びます。

分詞構文が主文より過去の動作・状態を表すときには、＜Having ＋過去分詞＞という形の完了分詞構文を使います（☞例文6）。

基本例文

〈分詞構文の特徴〉

分詞で始まっている。Staying の主体は I である →

主文との間にコンマ →

❶ ☐ Staying in New York, I went to jazz bars every evening.
（ニューヨークに滞在していたときは、毎晩ジャズバーに出かけた）

接続詞の節に書き換え可能→ When [While] I was staying in New York,

応用例文

❷ ☐ Impressed by his lecture, I contacted Professor Li.
（リー先生の講演に感銘を受けて、私は彼に連絡した）

❸ ☐ Born and raised in Beijing, she speaks Chinese fluently.
（北京で生まれ育ったので、彼女は中国語を流ちょうに話す）

❹ ☐ Not knowing what to say, he just smiled.
（何と言っていいかわからなかったので、彼はただ微笑んだ）

❺ ☐ Snow beginning to fall, we hurried home.
（雪が降り始めて、私たちは急いで家に帰った）

❻ ☐ Having lived in Kyoto for seven years, I know every street in the city.
（7年間住んでいたことがあるので、私は京都の隅々まで知っています）

....

☐ impress 動 ～に感銘を与える　☐ contact 動 ～に連絡する
☐ raise 動 ～を育てる　☐ fluently 副 流ちょうに　☐ hurry home 急いで帰宅する

第9章　分詞・使役動詞・知覚動詞

UNIT 44 使役動詞

使役動詞とは人・物に何かをさせるという機能をもつ動詞で、「～させる」「～してもらう」という意味で使います。

ルール 71 使役動詞を使う文の形は、＜S＋使役動詞＋O＋動詞の原形（現在分詞／過去分詞）＞となります。文の形は第5文型です。

makeは「（強制的に）～させる」という意味で使います。The boss made me rewrite the document.は、「上司は私にその書類を書き直させた」という意味になります。

have、getは強制的なニュアンスはなく「～してもらう」という意味で使います。I had my colleague fix my laptop.なら、「私は同僚にノートパソコンを直してもらった」という意味です。

letは「（自由に）～させる」という意味で使います。Let me introduce myself.で、「自己紹介させてください」です。

makeとhave、getは、＜S＋make＋O＋過去分詞＞（Oを～させる）、＜S＋have [get] ＋O＋過去分詞＞（Oを～してもらう）の形が使えます。I had [got] my laptop fixed by my colleague.（私は同僚にノートパソコンを直してもらった）。動詞の原形か過去分詞かは、「Oがする」のなら原形、「Oがされる」のなら過去分詞を使います。

haveは、＜S＋have＋O＋現在分詞＞（Oを～している状態にする）も可能です。なお、getはこの形は使えません。

> **ここに注目**
> Let's go.のように、「～しましょう」の意味でLet'sをよく使いますが、これはLet usの縮約形で、「自分たちに～させましょう」→「～しましょう」という使役表現の一種です。

基本例文

make は強制的な使役
↓

❶ ☐ The boss made me rewrite the document.
　　　S　　　　使役動詞　目的語　動詞の原形

（上司は私にその書類を書き直させた）

応用例文

❷ ☐ What makes you think so?

（どうしてそう思うの？）

❸ ☐ I had my colleague fix my laptop.

（私は同僚にノートパソコンを直してもらった）

＝ I got my colleague to fix my laptop.

※ get は＜get + O + to 不定詞＞となり、原形は使えない。

❹ ☐ I had [got] my laptop fixed by my colleague.

（私はノートパソコンを同僚に直してもらった）

❺ ☐ Let me introduce myself.

（自己紹介させてください）

❻ ☐ Let's have a chat over coffee.

（コーヒーを飲みながらおしゃべりしましょう）

☐ rewrite 動 〜を書き直す　☐ colleague 名 同僚　☐ fix 動 〜を直す
☐ laptop 名 ノートパソコン　☐ introduce 動 〜を紹介する
☐ have a chat　おしゃべりする

第9章　分詞・使役動詞・知覚動詞

UNIT 45 知覚動詞

知覚動詞とは知覚・感覚を表す一群の動詞です。使役動詞と同じように、第5文型で表現することができます。

　　知覚動詞の代表的なものは、see（見る）、watch（見る）、hear（聞く）、listen to（聞く）、notice（気づく）、feel（感じる）などです。

ルール 72 ＜S＋知覚動詞＋O＋動詞の原形（現在分詞／過去分詞）＞という形が使えます。

I saw the police officer stop a car. は、＜S＋知覚動詞＋O＋動詞の原形＞の形で、「私は警官が車を止めるのを見た」という意味になります。

I saw the famous singer drinking coffee in a café. は、＜S＋知覚動詞＋O＋現在分詞＞の形で、「私はその有名な歌手がカフェでコーヒーを飲んでいるのを見た」という意味です。この場合、現在分詞のdrinkingで「歌手がコーヒーを飲んでいる」と、動作が進行中であることを示します。

動詞の原形が続くか現在分詞が続くかは、状況によります。上記 stop a car は警官が車を止める行動全体を見たので原形を使っているのに対して、drinking coffee in a café では歌手がコーヒーを飲んでいるという進行中の瞬間を見たので現在分詞が使われているのです。

I didn't notice my name called.（☞例文3）は、＜S＋知覚動詞＋O＋過去分詞＞の形になっていて、「自分の名前が呼ばれる」と過去分詞 called が受け身の意味を表しています。

基本例文

知覚動詞 see

❶ ☐ I saw the police officer stop a car.
　　S 知覚動詞　　　目的語　　　　動詞の原形

（私は警官が車を止めるのを見た）

応用例文

❷ ☐ I saw the famous singer drinking coffee in a café.
　　　　　　　　　　　　　　　現在分詞

（私はその有名な歌手がカフェでコーヒーを飲んでいるのを見た）

❸ ☐ I didn't notice my name called.
　　　　　　　　　　　過去分詞

（私は自分の名前が呼ばれるのに気がつかなかった）

❹ ☐ Did you hear the birds chirp this morning?
　　　　　　　　　　　動詞の原形

（今朝、鳥が鳴くのを聞きましたか）

❺ ☐ I felt the temperature go down rapidly.
　　　　　　　　　　　動詞の原形

（私は気温が急激に下がるのを感じた）

❻ ☐ I saw my car being towed away.
　　　　　　　　現在分詞

（私は自分の車がレッカー移動されるのを見た）

☐ police officer　警官　　☐ chirp　動（小鳥が）さえずる　　☐ temperature　名 気温
☐ rapidly　副 急激に　　☐ tow away　〜をレッカー移動する

第9章　分詞・使役動詞・知覚動詞

Quick Review 3

第7章～第9章

Q1 次の（ ）内の動詞（原形）を文意に合うように変えましょう。toを付加すべきものや、原形のままでいいものもあります。**ヒント** には各設問の訳を示しています。

1 I decided (clean) my house this weekend.

2 There are a lot of paintings (see) in the Louvre.

3 I'm very sad (hear) the news.

4 You had better (ask) your boss beforehand.

5 Do you mind (move) over for me?

ヒント
1 私は今週末、家の掃除をすることにした。
2 ルーブル美術館には見るべき絵がたくさんある。
3 その知らせを聞いて私はとても悲しい。
4 上司に事前に聞いたほうがいいですよ。
5 席を詰めていただけないでしょうか。

[6] Don't forget (pick) up the kids.

....

[7] I was (shock) by his sudden death.

....

[8] I prefer watches (make) in Switzerland.

....

[9] The teacher made her students (line) up.

....

[10] We have never seen him (laugh).

....

> **ヒント**
> 6 子供たちを迎えに行くのを忘れないでね。
> 7 彼の突然の死に私はショックを受けました。
> 8 私はスイス製の時計のほうがいいです。
> 9 先生は生徒たちを並ばせた。
> 10 私たちは彼が笑っているのを見たことがない。

Quick Review 3

Q2 日本語を参考にして、英語を書いてみましょう。
ヒントも参考にしてください。

1. 私の夢は自分の店をもつことです。
   ヒント 店をもつ：have my own shop

2. 私は日本画を学ぶために日本に来ました。
   ヒント 日本画：Japanese painting

3. 私はあまりに疲れていたので、新聞が読めなかった。
   ヒント 新聞：newspaper

4. しばらく一人にしておいてください。
   ヒント ～を一人にする：leave ～ alone

5. 私はまだこの職場に慣れていません。
   ヒント ～を慣れさせる：accustom　職場：office, company, workplace

6 7時にあの店で会いましょう。

ヒント 店（レストラン、バーなど）：place

7 二度と嘘をつかないと約束します。

ヒント 約束する：promise　　嘘をつく：tell a lie

8 あそこに立っている女性が友人のモモコです。

[現在分詞を使う]

ヒント あそこに：over there

9 簡単な英語で書かれているので、彼のリポートは読みやすい。

[分詞構文で]

ヒント 簡単な：plain　　〜しやすい：easy to 〜

10 人々は大統領が演説するのを見た。

ヒント 大統領：the President　　演説する：make [deliver] a speech

Quick Review 3
正解と解説

Q1

1 I decided (to clean) my house this weekend.

解説 decide に動詞を続ける場合には to 不定詞にしなければならない（動名詞は不可）。したがって、to clean とする。

2 There are a lot of paintings (to see) in the Louvre.

解説 「見るべき絵」なので、to 不定詞の形容詞的用法と考え、to see とする。

3 I'm very sad (to hear) the news.

解説 「聞いて悲しい」なので、原因を表せるように to 不定詞（副詞的用法）にする。

4 You had better (ask) your boss beforehand.

解説 had better（〜したほうがいい）には原形不定詞が続く。ask のまま。

5 Do you mind (moving) over for me?

解説 mind に動詞を続けるには動名詞にする必要がある（to 不定詞は不可）。

6 Don't forget (to pick) up the kids.

解説 この don't forget to は「忘れずに~する」の意味なので、to 不定詞にする。「(過去にしたことを) 忘れる」なら forget ~ ing と動名詞を続ける。

7 I was (shocked) by his sudden death.

解説 shock は「ショックを与える」で、受動態にして「ショックを受ける」という意味になる。shocked と過去分詞にする。

8 I prefer watches (made) in Switzerland.

解説 「スイス製の時計」とするには、made と過去分詞が後ろから watches を修飾するようにする。

9 The teacher made her students (line) up.

解説 ＜ make + O +動詞の原形＞で「O を~させる」という使役の意味を表せる。line は原形のままでいい。

10 We have never seen him (laughing).

解説 知覚動詞 see は＜ see + O +動詞の原形／現在分詞／過去分詞＞の形が可能。ヒントにあるように「笑っているのを見る」なら laughing と現在分詞にする。ただし、英語の形だけなら laugh でも可。その場合は、「笑うのを見る」という意味になる。

Quick Review 3
正解と解説

Q2

1 My dream is to have my own shop.
解説 「〜すること」には、to 不定詞を使う。

2 I came to Japan to learn Japanese painting.
解説 「学ぶために」の部分は、to 不定詞（副詞的用法）で表す。

3 I was too tired to read the newspaper.
解説 「あまりに…なので〜できない」は＜ too ... to 〜＞で表す。

4 Leave me alone for a while.
解説 「〜してください」なので、命令文にする（Please を付けてもよい）。

5 I'm not accustomed to this office yet.
解説 「慣れさせる」が accustom なので、「慣れている」は be accustomed と受動態で表す。「〜に」の部分には to を使う。not 〜 yet で「まだ〜ない」。動詞 get（〜になる）を使って現在完了にして、I haven't got accustomed to ... でも可。

6 Let's meet at that place at seven.

解説「〜しましょう」は＜ Let's ＋動詞の原形＞で表す。

7 I promise not to tell a lie again.

解説「〜することを約束する」は promise to 〜。ここでは「〜しないことを約束する」なので、to の前に not を付ける。

8 That lady standing over there is my friend, Momoko.

解説「立っている」は現在分詞の standing で表す。over there が後ろに続くので、名詞の lady を後ろから修飾する形にする。「私の友人のモモコ」は my friend, Momoko とコンマでつなげばいい。

9 Written in plain English, his report is easy to read.

解説「書かれているので」なので、write の過去分詞 written を使った分詞構文にする。Since [Because] it is written in plain English, と接続詞の節に書き換え可能。

10 People watched the President make[deliver] a speech.

解説「…が〜するのを見る」は＜ S ＋知覚動詞＋ O ＋動詞の原形＞を使う。演説を見るのだから、「注意して見る」と解して watch を使う。see（見える；目に入る）でも可。

Column 3 感情表現

UNIT 39で、受動態で使う感情を表す動詞をいくつか紹介しましたが、他のポピュラーなものを追加で紹介します。会話やメールで重宝すると思います。

いずれも動詞の意味は「～させる」で、受動態にして「～する」となります。

please (嬉しがらせる)	→	be pleased (嬉しい)
delight (喜ばせる)	→	be delighted (喜ぶ)
relieve (安心させる)	→	be relieved (安心する)
excite (興奮させる)	→	be excited (興奮する)
disappoint (失望させる)	→	be disappointed (失望する)
shock (ショックを与える)	→	be shocked (ショックである)
scare (怖がらせる)	→	be scared (怖がって)
worry (心配させる)	→	be worried (心配する)
upset (動揺させる；怒らせる)	→	be upset (動揺する；怒る)
offend (怒らせる)	→	be offended (怒る)

My wife was delighted with the kitchen remodeling.
(妻はキッチンのリフォームに喜んだ)

I'm not so worried about this economic downturn.
(私は今回の経済の停滞にはそれほど心配していない)

例文でおわかりのように、動詞を受動態（過去分詞）で使う場合は、主語は人です。現在分詞で使う場合には、主語はふつうモノです。

His new novel is very exciting.
(彼の新しい小説はとても面白い)

第4部

最後は、比較や仮定法、関係詞など
英語力を高めるのに役立つ応用的な事項です。
これらを身につければ、英文法の基本がすべてマスターできます。

第10章 **UNIT 46 ～ UNIT 50**
形容詞・副詞・比較

第11章 **UNIT 51 ～ UNIT 55**
仮定法・時制の一致

第12章 **UNIT 56 ～ UNIT 60**
関係詞

魔法の英文法
ルール 73 ～ ルール 100

UNIT 46 形容詞① 限定用法と叙述用法

形容詞(けいようし)は日本語の「大きい」「親切な」と同じで、名詞を説明したり、補語になったりします。

---

big（大きい）やkind（親切な）、black（黒い）、Japanese（日本の）、friendly（親しみやすい）などの語を形容詞と言います。

ルール 73 形容詞には限定用法と叙述用法(げんていようほう じょじゅつようほう)があります。限定用法というのは文字通り名詞を「限定」する用法で、＜形容詞＋名詞＞の形で名詞を説明します。a clean room（清潔な部屋）では形容詞cleanが名詞roomを説明しています。

ルール 74 叙述用法とは、形容詞が補語として使われる用法です。SVCの文型This room is clean.（この部屋は清潔だ）では、形容詞cleanが主語This roomを説明しています。SVOCの文型We should keep the room clean.（部屋を清潔に保つべきだ）では、形容詞cleanがC（補語）の位置にあり、the room ＝ cleanの関係にあります。

多くの形容詞は限定・叙述用法の両方で使えますが、片方の用法しかない形容詞もあります。限定用法のみはprevious（先の）、total（全体の）、former（元の；昔の）、elder（年上の）、main（主な）など、叙述用法のみはafraid（恐れて）、alone（ひとりで）、alive（生きて）などです（×This is an alive fish. ○The fish is alive.）。辞書には［限定］［叙述］などの記載があります。

限定用法・叙述用法で意味が異なる形容詞も要注意です。certain（ある〜；確信して）、present（現在の；出席している）などがあります。

基本例文

「恐れて」（叙述用法）　「大きな」（限定用法）

❶ □ I'm afraid of big dogs.
（私は大きな犬が怖い）

応用例文

❷ □ The people in this town are very friendly. ［叙述用法］
（この町の人々はとても親しみやすい）

❸ □ Let's keep the park clean. ［叙述用法］
（公園をきれいに保ちましょう）

❹ □ The fish is still alive. ［叙述用法］
（その魚はまだ生きています）

❺ □ He is the former coach. ［限定用法］
（彼は元監督です）

□ be afraid of ～　～を恐れる　　□ friendly　形 親しみやすい
□ keep O C　OをCに保つ　　　　□ still　副 まだ

I'm afraid of big dogs.

第10章　形容詞・副詞・比較

UNIT 47 形容詞② さまざまな形容詞

many / much、few / little、two / second なども形容詞です。それぞれの使い方を見ていきましょう。

ルール75 many / much や few / little、several、enough などの形容詞を数量形容詞と言います。「たくさんの」を表す many は可算名詞に、much は不可算名詞に使います。なお、これらの代わりによく使う表現は a lot of [lots of] です。可算名詞・不可算名詞の両方に使えます。例：I have lots of DVDs. / I have a lot of work.

few は可算名詞に、little は不可算名詞に使います。ただし、これらの単語を「少しの」という意味で覚えていると少し厄介です。few / little と a few / a little では意味が異なるからです。There is a little chance. だと「可能性が少しある」と肯定的な意味で、これが There is little chance. になると「可能性はほとんどない」という否定的な意味になります。

数を表す one、two、... も数量形容詞で、one egg、two eggs、... のように名詞を修飾します。同様に first、second、... などの序数詞も形容詞です。This is my first trip abroad. では名詞 trip を修飾しています。

ルール76 interesting / interested、surprising / surprised など、動詞の現在分詞・過去分詞の形をした語を分詞形容詞と言い、通常の形容詞と同じ働きをします。例：The result was surprising.（その結果は驚くべきものだった）／ I was surprised at the result.（私はその結果に驚いた）

基本例文

muchを修飾する副詞。too（〜すぎる）は否定的な意味で使う

ice creamを修飾。不可算名詞に使う形容詞

❶ ☐ I ate too much ice cream.
（私はアイスクリームを食べ過ぎました）

応用例文

❷ ☐ I don't have many DVDs.
（私はあまりDVDを持っていません）

❸ ☐ Ms. Lee is fluent in several languages.
（リーさんは複数の言語に堪能だ）

❹ ☐ Few people are worried about the extinction of the bird.
（その鳥の絶滅を心配する人はほとんどいない）

❺ ☐ This is my first trip abroad.
（これが初めての海外旅行です）

☐ ate 動 eatの過去形　☐ fluent 形 流ちょうな；堪能な　☐ several 形 いくつかの
☐ few 形 ほとんどない　☐ be worried about 〜 〜を心配している
☐ extinction 名 絶滅　☐ abroad 副 海外へ [に]

第10章 形容詞・副詞・比較

UNIT 48 副詞

副詞は動詞や形容詞、他の副詞、句や節、さらには文全体も修飾します。カテゴリー別・修飾別に見ていきましょう。

まず、カテゴリー別に見ていきましょう。「頻度」「様態」「時」「場所」「程度」に分けます。「頻度」を表す副詞はusually、sometimes、often、never（一度も〜ない）、yearlyなどが挙げられます。これらの副詞は通常、I often run in the morning. のように一般動詞の前（もしくはbe動詞のあと）に置きますが、I don't run very often. のように文末や文頭で使えるものもあります。

「様態」を表す副詞としてはslowly、wellなど、「時」はnow、today、ago、alreadyなど、「場所」はthere、here、around、upstairsなどがあります。「程度」を表す副詞もたくさんあります。very、really、too、much、almost、never（決して〜ない）などがそうです。

ルール77 clearly、carefullyなど、-lyの形をした語の多くは副詞です。それぞれ形容詞のclear、carefulに-lyがついたもので、＜形容詞＋ly＞で副詞になる語はたくさんあります。ただし、I got up early. / in the early morningのearlyのように、形容詞・副詞の両方の意味を持つ語もあります（☞例文1）。また、near（近い）とnearly（ほぼ）、late（遅れた）とlately（最近）のような形容詞と副詞で意味が異なる語もあります。

次に修飾別に見てみましょう。He spoke clearly. だと、clearlyは動詞spokeを修飾しています。It's very cold. だと、veryは形容詞coldを、He studies really hard. だと、reallyは別の副詞hardを修飾しています。文全体を修飾することもあります（☞例文6）。

基本例文

頻度を表す副詞は一般動詞の前に置く

名詞 morning を修飾する形容詞

❶ ☐ I often run in the early morning.
（私はよく早朝に走ります）

応用例文

❷ ☐ He studies really hard.
（彼は本当に熱心に勉強しています）

❸ ☐ I've already had lunch.
（昼食はもう食べました）

❹ ☐ This is the best restaurant around.
（この辺りではここが一番おいしいレストランです）

❺ ☐ I'll never forget your kindness.
（あなたのご親切を決して忘れません）

❻ ☐ Actually, I don't like sports very much.
（実のところ、私はあまりスポーツが好きではありません）

☐ kindness 名 親切 　 ☐ actually 副 実際は；実のところ

He studies really hard.

第10章　形容詞・副詞・比較

UNIT 49 比較級・最上級

形容詞・副詞は比較変化をします。規則変化では、比較級には -er、最上級には -est がつきます。more / most を使う語もあります。

形容詞・副詞を使って何かを比べるとき、比較級・最上級を使います。I'm taller than Kenta.（私は健太よりも背が高い）では、I と Kenta を比較しており、形容詞 tall が比較級 taller に変化しています。「～よりも…」は＜比較級＋than ～＞の形が基本です。比較の対象はその前後に置きます。

It's the biggest lake in Japan.（それは日本で最も大きな湖です）では、日本という範囲内で比較しており、big が最上級 biggest に変化しています。「～で最も…」は＜the ＋最上級＋ in / of ～＞の形が基本です。＜the ＋最上級＋名詞＞の形でよく使います。

ルール 78 比較変化は原級・比較級・最上級の３つで、tall だと tall – taller – tallest です。difficult のような３音節以上の語には more / most を使います。difficult – more difficult – most difficult と変化します。

不規則に変化する語もあります（下記の表参照）。例：Jim cooks well. / Jim cooks better than his wife. / Jim cooks the best of the three chefs.

原級	比較級	最上級
good / well	better	best
bad	worse	worst
many / much	more	most
little	less	least

基本例文

「~よりも…」は＜比較級 + than ~＞の形が基本

形容詞 tall の比較級

❶ □ I'm taller than Kenta.

比較対象

（私は健太よりも背が高い）

「~で最も…」は＜the + 最上級 + in / of ~＞の形が基本

difficult の最上級には most を使う

❷ □ This is the most difficult question in this test.

（これはこのテストで最も難しい問題です）

応用例文

❸ □ This is the shortest way.
（これが最短の道だ）

❹ □ I like summer the best.
（私は夏がいちばん好きです）

❺ □ Could you tell me more about it?
（それについてもっと話してくれませんか）

□ way 名 道；方法　　□ more 副 もっと (much の比較級)

第10章 形容詞・副詞・比較

UNIT 50 同等比較・比較の構文

比べるものが同程度のとき、形容詞・副詞の原級を使い、＜as ＋原級＋as ＞の形で表します。比較を用いた構文も紹介します。

ルール79　「…と同じくらい〜」は＜as 〜 as ...＞で表します。「〜」の部分に形容詞・副詞の原級を入れます。「原級」とは形容詞・副詞のもとの形のことです。

My son is as old as her daughter. は「私の息子は彼女の娘と同い年だ」という意味で、My son と her daughter を比べています。なお、2人の子どもが「若い」ことを表すには My son is as young as her daughter. が適切です。否定形は、My son is not as young as her daughter. で、「私の息子は彼女の娘ほど若くない」という意味になります。

その他、比較を用いた構文をいくつか紹介します（☞応用例文も参照）。

● 原級

　as 〜 as possible ＝ as 〜 as S can　（できるだけ〜）

● 比較級

　more than 〜 (＝ over)　（〜より多い）

　less than 〜 (＝ under)　（〜より少ない；〜未満）

　＜ The ＋比較級, the ＋比較級＞　（〜すればするほど…）

　＜比較級＋ and ＋比較級＞　（ますます〜）

● 最上級

　＜ at (the) ＋最上級＞

　例：at most（せいぜい）、at least（少なくとも）、at the latest（遅くても）

基本例文

「…と同じくらい〜」は＜ as 〜 as ... ＞

形容詞 old の原級 ↓

❶ ☐ My son is as old as her daughter.

比較対象
（私の息子は彼女の娘と同い年です）

応用例文

❷ ☐ I can't type as fast as Nancy (can). ※ fast は副詞
（私はナンシーほど速く文字入力ができません）

❸ ☐ I'll send it as soon as possible.
（できるだけ早くお送りします）

❹ ☐ These days many people have more than one cell phone.
（最近は多くの人が携帯電話を 2 台以上持っている）

❺ ☐ The sooner, the better.
（早ければ早いほどいいです）

❻ ☐ Please come by six at the latest.
（遅くても 6 時までに来てください）

☐ type 動（文字を）打ち込む　☐ these days 最近

UNIT 51 仮定法過去

仮定法の時制は現在・過去・過去完了の3つあります。ここでは、まず仮定法とは何かについて確認し、仮定法過去を押さえます。

現実のことを述べる「直説法」に対し、現実に反することに対して使うのが「仮定法」です。ポイントは、その名のごとく「仮定」を表すばかりでなく、現実に反する強い願望や要求を述べるときにも使うことです。

例えば、**If I have time, I'll visit him.**（時間があれば、彼に会いに行きます）では、話者には時間がとれる可能性があり、単なる条件を表す接続詞ifを使っています（＝直説法）。一方、**If I had more time, I could go to your place.**（もっと時間があれば、そちらに行くことができるのですが）では、仮定法を使うことによって、話者には現実的に時間がないことを表しています（＝「時間があったらいいのに」と実現しそうにない強い願望）。

ルール80 仮定法過去の「もし～なら…だろうに」は＜If + S + 動詞の過去形, S + would / could / might + 動詞の原形＞が基本形です。

助動詞の過去形（would / could / might）については、「～できるのに」というニュアンスのときにはcould、「～だろうに」にはwould、「～かもしれないのに」にはmightを使います。

未来について現実的ではないことを表すときも仮定法過去が使えます。例：**If you won the lottery, what would you do?**

were to ～を使った表現や、If S should ...（万一～なら）という表現もあります（☞例文4・5）。

基本例文

「仮定法過去」は＜If + S ＋動詞の過去形, S + would / could / might ＋動詞の原形＞

haveの過去形 ＜could＋動詞の原形＞

❶ □ If I had more time, I could go to your place.
(もっと時間があれば、そちらに行くことができるのですが)

応用例文

❷ □ If I offered you the job, would you accept it?
(もし私があなたにその仕事を依頼したら、受けていただけますか)

❸ □ If I were you, I wouldn't buy it.
(僕がもし君なら、それを買わないだろう)

※仮定法のbe動詞には人称に関係なくwereを使いますが、口語では一人称、三人称単数にwasを使うこともあります。

❹ □ What would you do if you were to win the lottery?
(もし宝くじに当たったらどうする？)

❺ □ If anything should happen, I hope you'll contact me immediately.
(万一のことがあったら、すぐに連絡をくださいね)

□ offer O₁O₂　O₁にO₂をすすめる　□ lottery　名 宝くじ
□ contact　動 〜に連絡をする　□ immediately　副 すぐに

第11章　仮定法・時制の一致

UNIT 52 仮定法過去完了・仮定法現在

現在や未来について使う「仮定法過去」に対して、過去について使うのは「仮定法過去完了(かていほうかこかんりょう)」です。「仮定法現在(かていほうげんざい)」も紹介します。

「仮定法過去完了」は、過去の事実と反することに対して使います。例えば、「私たちはもっと練習していれば、賞が取れたかもしれない」と言う場合、If we <u>had practiced</u> more, we <u>might have won</u> the prize. となります。仮定法過去完了を使うことによって、実際には練習が足りずに賞が取れなかったことを表しています（＝過去に実現しなかった強い願望）。

ルール81 仮定法過去完了の「もし～だったなら…だったろうに」は＜If ＋ S ＋ 動詞の過去完了形, S ＋ would / could / might ＋ 動詞の現在完了形＞が基本形です。

「仮定法現在」とは何でしょうか。I suggested that the luncheon should be postponed.（私は昼食会を延期することを提案した）のように、「提案・要求」などを表す動詞に続くthat節内では本来、助動詞shouldが使われます。しかし、このshouldを省略し、I suggested that the luncheon be postponed. となることがあります。

ルール82 このように、主語が三人称単数でも、主節の動詞が過去形でも、「動詞の原形」を使います。この用法を「仮定法現在」と言います。動詞の前に助動詞shouldがあると考えればよいでしょう。suggest以外に仮定法現在でよく使う動詞として、advise、insist、demandなどがあります。It is ～ that ... 構文でnecessaryやessentialなどの形容詞を使うときも同様です（☞例文４）。

基本例文

「仮定法過去完了」は＜If + S + 動詞の過去完了形 , S + would / could / might + 動詞の現在完了形＞

practice の過去完了形 → ; might + win の現在完了形 →

❶ ☐ If we had practiced more, we might have won the prize.
（私たちはもっと練習していれば、賞が取れたかもしれない）

応用例文

❷ ☐ If I had known about the job vacancy, I would have applied for it.
（もしその求人について知っていたなら、応募していただろう）

❸ ☐ I suggested that the luncheon be postponed.
（私はその昼食会を延期することを提案した）

❹ ☐ It's necessary that every candidate take the test.
（志願者は全員、そのテストを受ける必要がある）

☐ win a prize 賞を取る（win の過去分詞は won）　☐ job vacancy 求人；仕事の空き
☐ apply for 〜 〜に応募する　☐ suggest 動 〜を提案する　☐ luncheon 名 昼食会
☐ postpone 動 〜を延期する　☐ necessary 形 必要な
☐ candidate 名 志願者；候補者

UNIT 53 仮定法を用いた構文

実現しそうにない願望や、過去に実現しなかった願望を表すのに、仮定法と強く結びつく動詞や定型表現を紹介します。

ルール83 wish（～ならなあ；～だったらなあ）は仮定法とともに使う動詞の代表です。例えば、I wish I knew her e-mail address.（彼女のメールアドレスを知っていたらなあ）は、動詞knewが過去形なので、現在の願望を表す仮定法過去の用法です。実際はアドレスを知らないことを表しています。If only ～ !（～でありさえすればなあ！）という表現もあります（☞例文4）。

ルール84 as if [though] ～（まるで～であるかのように；～であったかのように）も仮定法とともに使います。He talks as if he had seen the accident.（彼はまるでその事故を見たかのように話す）は仮定法過去完了の用法で、実際には彼は事故を見なかったことを表しています。

ルール85 ＜It's time + 仮定法過去＞で「もう～してもよいころだ」の意味になります。timeの前にhighをつけると「とっくに～する時間だ」、aboutをつけると「そろそろ～する時間だ」という意味になります。It's time I was leaving.は「もう帰らなければならない時間です」という意味です。

もっと知りたい　会話で使う仮定法にも触れておきましょう。Would you mind if I sat here?（ここに座ってもかまいませんか）／I wonder if you could help me.（手伝っていただけないでしょうか）のように、「助動詞の過去形」を使うと控えめで丁寧な表現になります。

基本例文

<as if + 仮定法過去完了>で「まるで〜であったかのように」を表す

see の過去完了形 ↓

❶ ☐ He talks as if he had seen the accident.
（彼はまるでその事故を見たかのように話す）
（＝実際には事故を見なかった）

応用例文

❷ ☐ I wish I had studied Japanese history more.
（もっと日本史を勉強したらよかった）（＝実際にはあまりしなかった）

❸ ☐ He talks as if he knew everything about me.
（彼はまるで私のことをすべて知っているかのように話す）
（＝実際にはすべては知らない）

❹ ☐ I love these shirts. If only they were cheaper!
（これらのシャツいいな。安かったらなあ！）（＝実際には安くない）

❺ ☐ I would be happy if you came over before noon.
（昼前に来てくれると嬉しいのですが）

☐ seen 動 see の過去分詞   ☐ knew 動 know の過去形
☐ come over （相手が自分のところに）来る；(自分が相手のところに）行く

I love these shirts.
If only they were cheaper!

第11章 仮定法・時制の一致

UNIT 54 ifのない仮定法

仮定法には if を使わない構文がいくつかあります。if がなくても仮定法を表していることが重要なポイントになります。

ルール86 without ～は仮定法で使うと「～がなければ：～がなかったなら」という意味になります。例えば Without his help, we wouldn't succeed. は、動詞が＜would ＋ 動詞の原形＞なので、仮定法過去の文です。「彼の助けがなければ、私たちは成功しないだろう」という意味です。これを、「彼の助けがなかったなら、私たちは成功しなかっただろう」と過去の意味にするには、仮定法過去完了を使って Without his help, we wouldn't have succeeded. となります。なお、この Without ～と同じ使い方で、But for ～という表現や、ifを使った If it were not for ～ / If it had not been for ～という構文もあります。without の逆の意味として、with ～（～があれば）も同様に仮定法で使えます。With his help, we would succeed.（彼の助けがあれば成功するだろう）となります。

ルール87 will と would のような直接法と仮定法の使い分けは、話し手がどれほど現実的と感じているかによると言えます。また、if のない文で仮定法かどうかを見極めるには、助動詞の過去形が重要なカギです。

ルール88 次に、if が省略された構文を見てみましょう。if が省略されると主語と動詞が倒置され、＜Were / Had / Should ＋ 主語 ＋ 動詞＞の語順になります。例：If I were you, I would ask him for help. → Were I you, I would ask him for help.（私があなたなら彼に助けを求めるでしょう）

基本例文

withoutは仮定法で「～がなければ；～がなかったなら」を表す

仮定法過去の形＜助動詞の過去形＋動詞の原形＞

❶ □ Without his help, we wouldn't succeed.
（彼の助けがなければ、私たちは成功しないだろう）

応用例文

❷ □ We couldn't do without electronic devices now.
（今や電子機器がなければ、私たちはやっていけないだろう）

❸ □ Should you need anything, please don't hesitate to ask.
（何かご用がありましたら、遠慮なくお申し付けください）

❹ □ Had it not rained, we would have gone hiking.
（雨が降っていなかったら、私たちはハイキングに出かけただろう）

□ do without ～なしでやっていく　□ electronic device 電子機器
□ don't hesitate to ～ 遠慮なく～する　□ gone 動 goの過去分詞

Had it not rained,
we would have gone hiking.

第11章 仮定法・時制の一致

UNIT 55 時制の一致

I thought she was in Osaka. のように、従節の動詞の時制は主節の動詞の時制に関係しています。これを時制の一致と言います。

I think she is in Osaka. は「彼女は大阪にいると思う」という意味で、そう思っている自分も彼女の状況も現在のことを表しています。これが、思ったのが過去のことである場合「彼女が大阪にいる」のも過去のこととなり、I thought she was in Osaka.（彼女は大阪にいると思った）となります。

ルール89 このように、主節の過去時制に合わせて、従節の動詞も過去形になる現象を時制の一致と言います。

同様に、従節の動詞が未来の場合、I think they will be late. → I thought they would be late. となります。また、過去完了を使った文：He said he had met Lisa twice. では、彼がリサに会ったのは彼の発言の時点での経験であり、従節の動詞meetは主節の動詞saidの前の時制、すなわち過去完了になっています。

ルール90 ただし、beforeやafterなどの時を表す語句がある場合、時間の前後関係がはっきりしているので、時制の一致を受けないことがあります。例えば、I watched TV after I washed the dishes.（私は食器を洗ったあと、テレビを見た）では、afterによって2つの行動の前後関係が明白なので、afterに続く動詞に過去完了を使わずとも意味が通ります。

ルール91 その他の時制の一致の例外として、時の差に関係のない普遍の真理や、現在も習慣的に行われている事柄などでは、従節の動詞は時制の一致を受けません（☞例文5）。

基本例文

主節: **I think** 従節: **she is** in Osaka.（彼女は大阪にいると思う）

❶ □ I thought she was in Osaka.

（彼女は大阪にいると思った）

主節の過去時制に合わせて、従節の時制も過去形で表す

応用例文

❷ □ I thought they would be late.
（彼らは遅れるだろうと思った）

❸ □ He said he had met Lisa twice.
（彼はリサに2回会ったことがあると言った）

❹ □ I washed the dishes before I watched TV.
（私はテレビを見る前に食器を洗った）

❺ □ People at that time didn't know that the earth is round.
（当時の人々は地球が丸いことを知らなかった）

□ met 動 meetの過去分詞　□ wash the dishes 食器を洗う
□ at that time 当時　□ round 形 丸い

第11章 仮定法・時制の一致

UNIT 56 関係代名詞① 主格

人称代名詞と同様、関係代名詞にも主格・目的格・所有格があります。まず主格から見ていきます。

---

who や that、which などの語を関係代名詞と言い、2つの節を結ぶ働きをします。I talked with a woman. She is a sushi chef. という2文を She の代わりに関係代名詞 who を使って結ぶと、I talked with a woman who is a sushi chef. という文ができます。関係代名詞 who は is の主語の役割をしているので、「主格」です。who 以下が前の名詞 a woman を説明しており、説明される名詞を「先行詞」、関係詞に導かれる節を「関係詞節」と言います。

ルール92 主格の関係代名詞は、＜先行詞＋関係代名詞＋動詞＞の語順です。関係代名詞が節中の動詞の主語の役割をします。関係代名詞whoは、先行詞が人のときに使い、物にはthatまたはwhichを使います。制限用法では which よりも that がよく使われます（☞UNIT 59）。目的格でも同様です。

先行詞が文の主語になることもあります。The man who lives next door is a doctor. だと、文全体の主語は先行詞 The man で、動詞は is になります。このような主語と動詞が離れた文や、修飾部分が複雑な文では、常に文全体の主語と動詞を意識することが大切です。

関係代名詞には what もあります。先行詞なしで使います。Let's say no more about what happened.（起こったことについてこれ以上言うのはやめよう）では、what以下が前置詞 about の目的語で、what は動詞 happened の主語なので主格です。

基本例文

①主格の関係代名詞は＜先行詞＋関係代名詞＋動詞＞の語順
②先行詞が人のときは who を使う

I talked with a woman. She is a sushi chef.

関係詞節中の動詞
（主語は who）

❶ ☐ **I talked with a woman who is a sushi chef.**

先行詞

（私はすし職人の女性と話した）

応用例文

❷ ☐ **The man who lives next door is a doctor.** 　　（先行詞は人）
（隣に住む男性は医者だ）

❸ ☐ **Where is my chocolate that was in the fridge?**
（冷蔵庫にあった私のチョコレートはどこ？）　　　　（先行詞は物）

❹ ☐ **The machine which broke down is now being repaired.**
（故障した機械は今修理中です）　　　　　　　　　　（先行詞は物）

☐ next door 隣に　　☐ fridge 名 冷蔵庫（refrigerator の短縮語）
☐ machine 名 機械　　☐ break down 故障する

第12章 関係詞

UNIT 57 関係代名詞② 目的格・所有格

関係代名詞の主格が主語の役割をするのに対し、目的格は目的語の役割をします。所有格はあとに名詞が続きます。

I bought a book. She wrote it. という2文をitの代わりに関係代名詞thatを使って結ぶと、I bought a book that she wrote. という文ができます。主格のときと違って、関係代名詞のあとに＜主語＋動詞＞が続いていますね。関係代名詞thatはwroteの目的語の役割をしており、「目的格」です。

ルール93 目的格の関係代名詞は、＜先行詞＋関係代名詞＋主語＋動詞＞の語順です。関係代名詞が節中の動詞の目的語の役割をします。ただし、目的格の関係代名詞はよく省略されます（☞ UNIT 60）。

関係詞で格変化をするのはwhoのみです。whoの目的格はwhomですが、whomは文語的で、よくwhoが使われています。

ルール94 whoの「所有格」はwhoseで、先行詞が人でも物でも使えます。＜先行詞＋whose＋名詞＞の語順です。I met a woman. Her husband knows you. を1文で表すと、I met a woman whose husband knows you. （ご主人が君のことを知っているという女性に会った）となります。her（所有格）の代わりに関係代名詞whose（所有格）を使っています。3つの格を表で確認しましょう。

	主格	目的格	所有格
人	who / that	who(m) / that	whose
物	that / which	that / which	whose / of which

なお、主格・目的格で先行詞が人のときに関係代名詞thatを使うこともありますが、たいていwho(m)が使われています。

基本例文

①目的格の関係代名詞は＜先行詞＋関係代名詞＋主語＋動詞＞の語順
②先行詞が物のときは that [which] を使う
③目的格の関係代名詞はよく省略される

I bought a book. She wrote it.

❶ □ **I bought a book (that) she wrote.**

関係詞節中の動詞 wrote の目的語
先行詞

（私は彼女が書いた本を買った）

応用例文

❷ □ **The new system (which) they created is worth introducing.**
（彼らが生み出した新システムは導入する価値がある）

❸ □ **The woman (who) we saw seems to be a famous singer.**
（私たちが見かけた女性は有名な歌手らしい）

❹ □ **This is the museum (which) she used to visit.**
（これが、彼女がよく訪れた博物館だ）

❺ □ **Do you have the CD whose title is "That's It!"?**
（That's It! というタイトルの CD を持っていますか）

□ create　動 ～を創り出す　　□ worth ～ing　～する価値がある
□ introduce　動 ～を導入する　　□ seem to be ～　～であるようだ
□ title　名 題；タイトル

UNIT 58 関係副詞

関係副詞は when、where、why、how の４つです。関係副詞は関係詞節中で副詞の働きをします。

I went to the café. Kate works there. という２文を there（副詞）の代わりに関係副詞 where を使って結ぶと、I went to the café where Kate works. という文ができます。

ルール95 場所を表す先行詞には関係副詞 where を使います。ここで、先行詞 the café と関係詞節内の動詞 works の関係に注目すると、Kate works at the café と前置詞が必要ですね。関係副詞 where には前置詞が含まれているため、関係副詞ではなく関係代名詞（目的格）を使う場合、I went to the café which Kate works at. / I went to the café at which Kate works. のように前置詞が必要となります。なお、後者のような＜前置詞＋関係代名詞＞の形では that は使えません。

では、関係副詞と先行詞の関係を表で確認しましょう。

先行詞	時	場所	reason	なし
関係副詞	when	where	why	how

ルール96 時を表す先行詞には関係副詞 when を使います（☞例文２）。関係副詞 why の先行詞は reason で、I don't know the reason why she called me. は「彼女が私に電話した理由がわからない」という意味です。ただし、reason を使うと why がよく省略されます。また、why が残って reason が省略される表現もあります（☞例文３・４）。

関係副詞 how の先行詞は本来 way ですが、the way ＝ how で両方を一緒に使うことはできません。例えば、This is how I learned English. または This is the way I learned English. になります。

基本例文

関係副詞は＜先行詞＋関係副詞＋主語＋動詞＞の語順

I went to the café. Kate works there.

❶ I went to the café where Kate works.

「場所」を表す先行詞

（私はケイトが働くカフェに行った）

応用例文

❷ I remember the day when I first met her.

(the day は時を表す先行詞)

（彼女に初めて会った日のことを覚えている）

❸ The reason (why) I called her was to introduce my staff.

（私が彼女に電話をした理由は、スタッフを紹介するためです）

❹ That's why I don't want to meet her.

（だから僕は彼女に会いたくないんだ）

❺ This is how I learned English.

（このようにして私は英語を学んだ）

□ remember 動 ～を覚えている　　□ first 副 初めて　　□ reason 名 理由
□ That's why ～　そういうわけで～　　□ This is how ～　このようにして～

第12章 関係詞

UNIT 59 制限用法と非制限用法

関係詞には**制限用法・非制限用法**（または**限定用法・継続用法**）の２つの用法があります。コンマの有無だけでなく、役割の違いも重要です。

> **ルール 97** コンマのない用法は、関係詞節が前の先行詞を制限しているので「制限用法」と言います。コンマがある用法を「非制限用法」と言います。

「先行詞を制限している」とは？　制限用法では関係詞節を省略すると文は完結しません。次の例で見てみましょう。

I went to the movie theater on 3rd Street <u>that shows 3-D movies</u>.
I went to the movie theater on 3rd Street, <u>which shows 3-D movies</u>.

前者は一見Streetまでで文が成り立っているように思えますが、that shows 3-D moviesによって映画館が特定されています（＝３番街にいくつかあるうちの3D映画を上映している映画館に行った）。一方、後者の文はコンマを置いて文をいったん完結させています。「３番街の映画館に行ったが、そこでは３D映画を上映している」ということで、関係詞以下はあくまで付け足しです。

なお、後者の文ではwhichになっていますが、**非制限用法ではthatは使えません**。さらに言うと、前者でwhichを使うことも可能ですが、コンマの有無だけでは違いが曖昧になります（会話ではコンマは発音されない）。そういう意味でも、制限用法ではwhichではなくthatが使われやすい理由がわかりますね。

> **ルール 98** 非制限用法のwhichは、名詞だけでなく直前の文の一部や文全体を先行詞とすることがあります（☞例文６）。

基本例文

非制限用法では、コンマまでで文がいったん完結。関係詞節は先行詞の補足

先行詞 ↓

❶ □ I went to the movie theater on 3rd Street, which shows 3-D movies.

主格の関係代名詞（shows の主語）

（私は3番街の映画館に行った。そこでは3D映画を上映している）

応用例文

❷ □ The movie theater on 3rd Street, which shows 3-D movies, is my favorite.
（3番街の映画館は、3D映画を上映しているのですが、私のお気に入りです）

❸ □ My brother who lives in Chiba is Masaru.
（千葉に住んでいる弟は勝です）

❹ □ My other brother, who lives in Nagoya, is Akira.
（もう1人の弟は、名古屋に住んでいるのですが、明といいます）

❺ □ Nathan moved to London, where he started his new life.
（ネイサンはロンドンに移った。そしてそこで新しい生活を始めた）

❻ □ I got all "A"s on my medical checkup, which means I have no health problems. （先行詞は前の文全体）
（健診結果はすべてAだった。私には健康に何も問題がないということだ）

□ favorite 名 お気に入り　□ move to ~ ~に引っ越す
□ medical checkup 健康診断

UNIT 60 関係詞の省略・複合関係詞

目的格の関係代名詞の省略を再確認します。関係副詞 when / where の先行詞の省略、複合関係詞（ふくごうかんけいし）なども見てみましょう。

ルール 99 UNIT 57で目的格の関係代名詞を扱いましたが、目的格の関係代名詞はよく省略されます。例えば I bought a book that she wrote. だと、関係詞を使わずに I bought a book she wrote. と言えます。語呂やリズムも関係しますが、このほうが短くてシンプルですね。The oysters they serve are always fresh. のように先行詞が主語になるパターンでも同様です（☞例文1）。

ルール 100 関係副詞 when / where について、先行詞が the time、the place のとき、これらの先行詞は省略されることがあります。例えば、This is where I live.（ここが私の住んでいるところです）だと先行詞 the place が、Now is when you should change jobs.（今こそ転職するときだよ）では先行詞 the time が省略されています。Now is the time you should change jobs. もOKです。関係副詞 why と how、その省略については UNIT 58 を参考にしてください。

　最後に、複合関係詞も少し見てみましょう。（☞応用例文も参照）。
● 複合関係代名詞 － who(m)ever、whichever、whatever
● 複合関係副詞 － whenever、wherever、however
● 複合関係形容詞 － whatever、whichever

　意味・用法は2通りあります。複合関係代名詞の whatever で言うと、「～するもの [こと] は何でも」と、譲歩の「何が [を] ～しようとも」です。譲歩では、＜no matter ＋ 疑問詞＞と同意です。

基本例文

目的格の関係代名詞はよく省略される

serve の目的語にあたる　　文全体の動詞（主語は The oysters）

❶ ☐ The oysters they serve are always fresh.

（彼らが出すカキはいつも新鮮だ）

応用例文

❷ ☐ I want to see the picture he painted.

（私は彼が描いた絵を見たい）

❸ ☐ Now is when you should change jobs.

（今こそ転職するときだよ）

❹ ☐ Whatever I say, he never listens to me.

（Whatever = No matter what）

（私が何と言おうと彼は聞いてくれない）

❺ ☐ Please come whenever you want to.

（いつでも来たいときに来ていいですよ）

☐ oyster　名 カキ　　☐ serve　動 (食事など) を出す　　☐ fresh　形 新鮮な
☐ paint　動 (絵の具で) 〜を描く　　☐ change jobs　転職する

第12章　関係詞

第10章〜第12章 Quick Review 4

Q1 次の（　）内の語を文意に合うように変えましょう。ただし、1語とは限りません。
ヒント には各設問の訳を示しています。

1 This is one of the (big) festivals in Japan.

....

2 The actual cost was (little) than I expected.

....

3 This movie is full of (excite) scenes.

....

4 My late grandfather would have been glad if he (hear) the news.

....

> **ヒント**　1 これは日本で最も大きな祭りの1つである。
> 2 実際のコストは予想より少なかった。
> 3 この映画にはわくわくするシーンがいっぱいある。
> 4 私の亡くなった祖父がその知らせを聞いたら喜んだだろうに。

Q2 次の(　)内に入る語句を、語群から選んで入れましょう。

1 I've worked for this company (　　) 20 years.

　　close　closely　near　nearly

2 The train will leave in (　　) minutes.

　　few　a few　little　a little

3 I stayed at a hotel (　　) was built more than 100 years ago.

　　who　that　whose　where

4 The author said he had finished his new novel, (　　) wasn't true.

　　that　which　what　where

5 The shop (　　) 24/7.

　　opens　is opening　is open　is opened

6 If I had more money, I (　　) the Shinkansen instead of an overnight bus.

　　took　will take　would take　would have taken

> **ヒント**
> 1 私はこの会社に20年近く勤めている。
> 2 電車は数分後に発車します。
> 3 私は築100年以上のホテルに滞在した。
> 4 その作家は新しい小説を書き上げたと言ったが、それは嘘だった。
> 5 その店は年中無休です。
> 6 もっとお金があれば、夜行バスではなく新幹線で行くのに。

Quick Review 4

Q3 日本語を参考にして、英語を書いてみましょう。
ヒント も参考にしてください。

1 私はその日、いつもより早く出社した。
ヒント 出社する：arrive at work　　いつもより：than usual

---

2 このソファはあのソファほど座り心地がよくない。
ヒント as ～ as ... を用いる。　　座り心地がよい：comfortable

---

3 私たちが何かあなたにできることはありますか。
ヒント something を用いる。

---

4 夫は私に6時までに戻るだろうと言った。
ヒント 私に～と言う：tell me that ～

---

5 彼女はどんなに疲れていようとも、笑顔を絶やさないようにしている。
ヒント なんとか～する：manage to ～　　～し続ける：keep ～ ing

6 私は彼の言うことが理解できなかった。

ヒント 関係代名詞 what を用いる。

7 あのコピー機の使い方を教えていただけないかしら。

ヒント wonder と could を用いる。　　コピー機：copier

8 幸いにも、その事故では誰もけがをしなかった。

ヒント 誰も〜ない：no one　　けがをする：be injured

9 私が話しかけた男性は私の旧友だった。

ヒント 関係詞を用いずに。　　〜に話しかける：speak to 〜

10 彼が日本に来た理由は、日本のアニメが大好きだからだ。

ヒント The reason ... is that 〜で表す。　　アニメ：animation

Quick Review 4
正解と解説

Q1

1 **This is one of the (biggest) festivals in Japan.**

解説 in Japan という範囲が伴っているので、最上級が適切。

2 **The actual cost was (less) than I expected.**

解説 than は比較級とともに用いる語。little（少ない）の比較級は less。

3 **This movie is full of (exciting) scenes.**

解説 scenes are exciting という関係で考えるとよい。
比較：I was excited about the scenes.

4 **My late grandfather would have been glad if he (had heard) the news.**

解説 故人なので非現実的な内容。主節の動詞が would have been（助動詞の過去形＋動詞の現在完了形）で仮定法過去完了の文。if 節の動詞は過去完了形にする。

Q2

1 **I've worked for this company (nearly) 20 years.**

解説 文意から副詞 nearly（ほぼ）が適切。副詞の closely は「ぴったりと；（距離が）近く」という意味。

2 **The train will leave in (a few) minutes.**

解説 minute（分）は可算名詞で few / a few と結びつく。文意から in a few minutes（数分後に）。

3 I stayed at a hotel (that) was built more than 100 years ago.

解説 空欄のあとに主語がないので、空所には主格の関係代名詞が必要。先行詞 a hotel に合う関係代名詞は that。whose はあとに名詞、関係副詞はあとに＜主語＋動詞＞が続く。a hotel を場所と見なして where を入れないように。

4 The author said he had finished his new novel, (which) wasn't true.

解説 非制限用法の文。wasn't true の主語は何かを考えると、he had finished his new novel という部分。関係代名詞 which の先行詞は句や節・前文全体になることがある。なお、that と what は非制限用法では使えない。

5 The shop (is open) 24/7.

解説 open には動詞（自動詞・他動詞）の用法もあるが、（店などが）開いている状態を表すときは形容詞 open が適切（動詞はあくまで動作重視）。24/7 (twenty-four seven) は「１日24時間・週７日→年中無休」という意味。

6 If I had more money, I (would take) the Shinkansen instead of an overnight bus.

解説 If 節の動詞が過去形 (had) なので、仮定法過去の文と判断。主節の動詞は＜助動詞の過去形＋動詞の原形＞を選ぶ。

Quick Review 4
正解と解説

Q3

1 I arrived at work earlier than usual that day.
解説 副詞 early（早く）の比較級を使って表す。

2 This sofa is not as comfortable as that one.
解説 not as ～ as ... で「…ほど～ない」を表す。後者の比較対象には同じ名詞（sofa）の繰り返しを避けて、代名詞 one を使う。

3 Is there something (that) we can do for you?
解説 「～はありますか」を Is there ～ ? で表すとよい。先行詞には -thing の形の代名詞も使える。目的格の関係代名詞はよく省略される。

4 My husband told me that he would be back by [before] six.
解説 「～だろう」は（過去の時点で）未来のことと考える。時制の一致で that 節内は will の過去形 would を使って表す。

5 However tired she is, she manages to keep smiling.
解説 「どんなに S が～でも」は＜ however ＋形容詞・副詞＋ S ＋ V ＞の語順。No matter how tired ... でもよい。

6 I couldn't understand what he said.

解説 「〜こと」は関係代名詞 what を使って表せる。なお、「彼が何と言ったか」ととらえれば what he said は間接疑問（what は疑問詞）ともとれる。

7 I wonder if you could show me how to use that copier.

解説 I wonder if you could ...（〜していただけないでしょうか）は丁寧な依頼表現。

8 Fortunately, no one was injured in the accident.

解説 副詞 fortunately は文全体を修飾。no one は単数扱いで be 動詞は was。

9 The man I spoke to was my old friend.

解説 主語が「男性は」、述語が「私の旧友だった」の文で、まず The man was my old friend. を組み立てる。次に「私が話しかけた」は「男性」を説明するので、修飾句として The man の直後に続ける。目的格の関係代名詞 who(m) が省略されており、先行詞 The man は spoke to の目的語にあたる。

10 The reason (why) he came to Japan is that he loves Japanese animation.

解説 主部が The reason (why) he came to Japan、述部が is that he loves Japanese animation の文。that 節が補語になる構造（S is that 〜）はよく使われるのでこの形でインプットしておくとよい。なお、関係副詞の代わりに that を使うこともできる。

Column 4 会話に便利な関係詞
関係詞は文中のクッション！

　関係詞は、長い文や構造が複雑な文で便利なため、特に読み書きで威力を発揮しますが、ここでは、会話で使われる関係詞の役割を見てみましょう。
　関係詞節は先行詞を制限したり、補足説明したりするのでしたね。ですので、発話の際には、「先行詞を言った→先行詞の説明を続けたい→とりあえず関係詞でクッションを」という流れになります。
　例えば、「"ブロガー"って何？」と聞かれたとします。

1. ブロガー（blogger）が「物」か「人」かを端的に言う。
   A blogger is a person
2. どんな人物かを詳しく説明するために関係代名詞でクッションを置く。
   who（説明を続けるから聞いてね）
3. 説明を続ける。
   writes blogs. Do you know what a "blog" is? . . .

のように続けていくわけです。
　この例文のように、S is a person who ...や、S is something that [which] ...など、人や物の説明を述べるとき、関係代名詞は便利です。
　別の例を見てみましょう。I found an interesting webpage which is written about Japanese films.（日本映画について書かれた興味深いホームページを見つけた）。これは、I found an interesting webpage. It is written ...でも同じ意味ですが、違いは、先行詞のあとすぐに関係詞を言うことによって、続きがあることを相手に示唆していることです。会話では、I found an interesting webpage which まで一気に言うと、相手は説明が続くと期待して待ってくれます。
　このように、関係詞は文中のクッション的（接続詞的）な働きがあり、会話でも威力を発揮します。

巻末表現集

UNITで扱えなかった、重要な用法、イディオム、相関語句などを使った例文を紹介します。例文はCDに収録されています。

第3章

□ **What do you say to (~ ing)?**
〜（するの）はどうですか　　　　　　　　……疑問詞疑問文
What do you say to going shopping?　☞ UNIT 12
（ショッピングに行きませんか）

□ **What do you think of ~ ?**
〜をどう思いますか　　　　　　　　　　　……疑問詞疑問文
What do you think of his new proposal?　☞ UNIT 12
（彼の新しい提案をどう思いますか）

□ **What [will / would / has] become of ~ ?**
〜はどうなっていますか　　　　　　　　　……疑問詞疑問文
What has become of her recently?　☞ UNIT 12
（彼女は最近、どうしているの？）

□ **How do you like ~ ?**
〜はいかがですか；〜は気に入りましたか　……疑問詞疑問文
How do you like your new hybrid car?　☞ UNIT 14
（新しく買ったハイブリッドカーは気に入っていますか）

□ **How would you like ~ ?**
〜をどうしましょうか　　　　　　　　　　……疑問詞疑問文
How would you like your eggs?　☞ UNIT 14
（卵はどのように調理いたしましょうか）

- **How come ~ ?**
  どうして~ですか　　　　　　　　　　　　　　　…… 疑問詞疑問文
  How come you're here?　　　　　　　　　　　　☞ UNIT 14
  （どうしてここにいるの？）

- **< How 形容詞［副詞］＋ S ＋ V! >**
  なんて~なのでしょう！　　　　　　　　　　　…… 感嘆文
  How beautiful Mt. Fuji is today!
  （今日の富士山はなんてきれいなんでしょう！）

- **< What (a / an) 形容詞 ＋ 名詞 ＋ S ＋ V! >**
  なんて~な（名詞）なのでしょう！　　　　　　…… 感嘆文
  What a wonderful present this is!
  （これはなんてすてきなプレゼントなの！）

第6章

- **in 場所；in 時**
  ~に［で］；~後に　　　　　　　　　　　　　…… 前置詞
  I live in Kanagawa.　　　　　　　　　　　　　☞ UNIT 27
  （私は神奈川に住んでいます）
  I'll phone you in two hours.（2時間後に電話します）

- **by 場所；by 時**
  ~のそばに；~までに　　　　　　　　　　　　…… 前置詞
  The hotel is by the seaside.　　　　　　　　　☞ UNIT 27
  （そのホテルは海のそばにあります）
  Come back by three.（3時までに戻ってきてね）

- **depend on ~**
  ~次第である　　　　　　　　　　　　　　　　…… 前置詞
  It depends on the weather.（天気次第だね）　　☞ UNIT 28

keep up with 〜
〜についていく

前置詞
☞ UNIT 28

He studied hard to keep up with the class.
(彼は授業についていくために懸命に勉強した)

to my surprise
驚いたことに

前置詞
☞ UNIT 28

To my surprise, my son passed the exam.
(驚いたことに、息子はその試験に受かった)

in spite of 〜
〜にもかかわらず

前置詞
☞ UNIT 28

My grandmother is still working in spite of her age.
(私の祖母は高齢にもかかわらず今も仕事をしています)

not A but B
A ではなく B

接続詞
☞ UNIT 29

I visited Las Vegas not on holiday but on business.
(私は休暇ではなく仕事でラスベガスに行った)

either A or B
A か B か（のどちらか）

接続詞
☞ UNIT 29

You can choose either coffee or tea.
(コーヒーか紅茶のどちらかを選べます)

neither A nor B
A も B も〜ない

接続詞
☞ UNIT 29

He can neither read nor speak Japanese.
(彼は日本語を読むことも話すこともできない)

besides
その上；さらに ……|接続副詞

It's too late to go out, and besides, it's freezing tonight. (besides = also)
（出かけるには遅すぎるし、その上今夜は凍るように寒い）

until
〜するまで ……|接続詞

Please wait here until I call you.
（お呼びするまでここでお待ちください）

since
〜以来；〜なので ……|接続詞

Ever since Jason became a general manager, the business has been doing well.
（ジェイソンが総支配人になって以来、事業はうまくいっている）

Since there are no buses after ten, can you pick me up?
（10時以降はバスがないので、迎えに来てくれない？）

although
〜だけれども ……|接続詞

Although she is professional in her field, she never overestimates her own abilities.
（彼女はその分野の専門だけれども、決して自分の能力を過信しない）

as
〜ように；〜するにつれて；〜するとき；〜しながら ……|接続詞

As you requested, we will deliver your purchase as soon as possible.
（ご希望の通り、お客様のご購入品はできるだけ早くお届けいたします）

The view turned breathtaking as the sun went down.
（太陽が沈むにつれて、息をのむような風景になっていった）

unless
もし～でなければ；～でない限り ……｜接続詞
I'll go unless it rains. ☞ UNIT 30
(雨が降らない限りは行きます)

even though [even if] ～
たとえ～でも ……｜接続詞
Even though the pay is low, I want to do the job. ☞ UNIT 30
(たとえ給料が低くても、私はその仕事がしたい)

if [whether]
～かどうか ……｜接続詞
I don't know if [whether] she is coming. ☞ UNIT 30
(彼女が来るかどうかは知りません)

while
～している間；～なのに；～である一方 ……｜接続詞
Don't talk while you are eating. ☞ UNIT 30
(食べながらしゃべってはいけません)

I like history, while my sister likes math.
(妹は数学が好きだが、私は歴史が好きだ)

now that ～
今はもう～だから；～である以上は ……｜接続詞
Now that I've lived here so long, I have no idea ☞ UNIT 30
how much my hometown has changed.
(ここに長く住んでいるので、故郷がどれほど変わったかわからない)

such ～ (that) ...
非常に～なので… ……｜接続詞
This is such a nice neighborhood that I want to ☞ UNIT 30
live here forever.
(ここはとても環境のよい地区なので、一生住みたい)

第7章

☐ **to begin with**
まず；第一に ・・・to 不定詞
To begin with, let's discuss the budget. ☞ UNIT 34
（まず予算を話し合いましょう）

☐ **to make matters worse**
さらに悪いことには ・・・to 不定詞
My flight was delayed four hours, and to make ☞ UNIT 34
matters worse, there were no more buses to the hotel.
（私のフライトは4時間遅れた。そして、さらに悪いことには、ホテルへのバスが終わっていた）

☐ **not to mention ~**
～は言うまでもなく ・・・to 不定詞
I can't speak Chinese, not to mention Vietnamese. ☞ UNIT 34
（私は中国語が話せません。ベトナム語は言うまでもありません）

☐ **be likely to ~**
～しそうである；～する可能性がある ・・・to 不定詞
Prices are likely to be stable for the time being. ☞ UNIT 34
（物価はしばらくは安定した状態が続きそうだ）

☐ **turn out to be ~**
～だとわかる（= prove to be ~） ・・・to 不定詞
The investment turned out to be a failure. ☞ UNIT 34
（その投資は失敗だとわかった）

☐ **be supposed to ~**
～することになっている；～するはずだ ・・・to 不定詞
I'm supposed to pick up the client at the airport. ☞ UNIT 34
（私はクライアントを空港に迎えに行くことになっている）

don't forget to ～
忘れずに～する ····| to 不定詞
Don't forget to post this letter. ☞ UNIT 34
(この手紙を投かんするのを忘れないでね)

第8章

worth ～ ing
～する価値がある ····| 動名詞
That's a book worth reading. ☞ UNIT 36
(それは読んでみる価値のある本だ)

feel like ～ ing
～したい気がする ····| 動名詞
What do you feel like doing this weekend? ☞ UNIT 36
(この週末は何をしたいですか)

prevent … from ～ ing
…が～するのを防ぐ［阻む］ ····| 動名詞
This security system can prevent a burglar from getting in. ☞ UNIT 36
(この保安システムは泥棒が侵入するのを防ぐことができます)

be crowded with ～
～で混雑している ····| 受動態
The shrine was crowded with visitors. ☞ UNIT 39
(その神社は参拝客で混雑していた)

be interested in ～
～に関心がある ····| 受動態
Are you interested in learning a foreign language? ☞ UNIT 39
(外国語を学ぶことには関心がありますか)

- **be made of 素材 [from 原料]**
  ～でできている
  ·····| 受動態
  ☞ UNIT 39
  The body of this plane is made of carbon fiber.
  (この飛行機の機体は炭素繊維でできています)

- **be concerned about ～**
  ～について心配している
  ·····| 受動態
  ☞ UNIT 39
  I'm concerned about your financial situation.
  (あなたの経済状況が心配です)

- **get started (with ～)**
  (～を) 始める
  ·····| 受動態
  ☞ UNIT 39
  I can't wait to get started with the project.
  (そのプロジェクトを始めるのを待ちきれません)

第9章

- **＜with ＋ 名詞 ＋ 分詞＞**
  (名詞) が～して [されて]
  ·····| 付帯状況
  ☞ UNIT 43
  I fell asleep with the TV turned on.
  (私はテレビをつけっぱなしにして眠ってしまった)

- **let me know ～**
  私に～を知らせる
  ·····| 使役動詞
  ☞ UNIT 44
  Please let me know when you are finished.
  (終わったら知らせてください)

- **let me see**
  そうですね；ええと
  ·····| 使役動詞
  ☞ UNIT 44
  Let me see. I'll take this one.
  (そうですね。これをいただきます)

魔法の英文法ルール100

本編で紹介している文法ルールをリストにしました。
CDでまとめて聞くことができます。

第1章　文のしくみと5つの文型

CD 70

ルール 1 .... ☞ p. 18
- 英文の要素は、主語（S）、動詞（V）、目的語（O）、補語（C）、修飾語（M）の5つです。
- 補語は主語（または目的語）を「補足説明する語」です。
- 目的語は「動詞の対象となる語」で、「～を」にあたる要素です。

ルール 2 .... ☞ p. 20
動詞には大きく分けて2つの種類があります。目的語をとるものと、目的語をとらないものです。目的語を必要とする動詞を他動詞、目的語を必要としない動詞を自動詞と呼んでいます。

ルール 3 .... ☞ p. 22
自動詞を使うのは、第1文型（S+V）と第2文型（S+V+C）です。

ルール 4 .... ☞ p. 22
- 第2文型をつくる自動詞は限られていて、会話ではbe動詞が多くの場合、その役割を担います。他では、become（～の状態になる）、remain（～にとどまる）、sound（～のように聞こえる）、seem（～のように思える）、look（～のように見える）などです。
- 第2文型では常に、「主語 = 補語」の関係が成立します。

ルール 5 .... ☞ p. 24
他動詞は目的語を伴って、機能が十全になります。他動詞を使う文型では、＜S+V+O＞が基本です。これを第3文型と呼んでいます。

ルール 6 .... ☞ p. 26
動詞の中には、＜S+V+O_1+O_2＞という形で目的語を2つとるもの、＜S+V+O+C＞という形で目的語と補語をとるものがあります。それぞれの文型を、第4文型、第5文型と呼びますが、このパターンの動詞は特殊なもので、数は多くありません。

ルール 7 .... ☞ p. 26
第5文型の補語は、目的語を補足説明します。

185

第2章　時制

ルール 8 ☞ p. 28

「時制」を表すのは動詞の形です。「現在形」は、主語が I、You、複数名詞の場合には原形そのままで、三人称・単数名詞の場合には原形に s または es を付けます。

ルール 9 ☞ p.28

- 現在時制はふつう、「現在の状態」や「習慣的な動作」を表します。現在続いている行動や動きについては「現在進行形」を使います。
- 現在時制では他に、「真理・一般的な事実」を表します。

ルール 10 ☞ p.30

- will は未来時制の万能選手のようなもので、「〜だろう」という未来の予測にも、「〜します」という主語の意志を表す場合にも使えます。
- be going to は「〜する予定だ」という、あらかじめ考えていた未来の予定・計画を表現するほか、「〜しそうである」という、予測される近未来の出来事を表すのにも使います。

ルール 11 ☞ p.32

過去時制を使うのは、①過去の動作・出来事・状態、②過去の反復的な動作、を表すときと、③時制の一致を受けるときです。

ルール 12 ☞ p.32

過去形はあくまで「過去に起こって完結している動作や状態」に対して使います。「過去の動作や状態が現在に影響している」場合には、現在完了形を使います。

ルール 13 ☞ p.34

進行中の動作を表すのが「進行形」です。進行形は＜be 動詞＋動詞の ing 形＞の形を使います。

ルール 14 ☞ p.34

- 継続や反復の意味がある動詞は進行形にしません。
- 知覚・感情・心理を表す動詞も進行形にしません。

ルール 15 ☞ p.36

現在完了形は＜ have ＋動詞の過去分詞＞で表します。現在完了形のポイントは、動作や状態が過去から現在まで及んでいる場合に使います。つまり、視点は現在に置かれます。

第3章　疑問文

ルール 16 ☞ p.38
be 動詞の疑問文は、その文で使われている be 動詞を主語の前に出してつくります。

ルール 17 ☞ p.38
一般動詞の疑問文は、助動詞 Do または Does を文頭に置いて、一般動詞は原形にします。過去形なら Did を使います。

ルール 18 ☞ p.40
疑問詞疑問文はすべて、疑問詞が文頭にきます。＜疑問詞＋be 動詞/助動詞＋主語＋～？＞が基本パターンです。

ルール 19 ☞ p.42
Why の疑問文は、Why don't you ～ ? の形にすると、「なぜ～しないのか」という理由を聞く以外に、「～しませんか」という意味の提案・勧誘表現になります。

ルール 20 ☞ p.44
How は「どのような；どう」という様態・状況、「どうやって」という方法・手段を聞くときに使う疑問詞です。

ルール 21 ☞ p.44
How はまた、＜How ＋ 副詞＞や＜How ＋ 形容詞＞のパターンで、さまざまな事・状況の程度を聞くのに使えます。

ルール 22 ☞ p.46
付加疑問文は、肯定文なら、語尾に＜助動詞 / be 動詞の否定形＋主語の代名詞?＞を加えてつくります。否定文なら、＜助動詞 / be 動詞の肯定形＋主語の代名詞?＞を加えてつくります。

ルール 23 ☞ p.46
否定疑問文は、「～ではないですか」と確認するときに使います。文頭の be 動詞や助動詞を否定形にするだけです。

ルール 24 ☞ p.46
選択疑問文とは、2つの項目を or でつないで、相手に選択を求めるものです。

ルール 25 ☞ p.46
間接疑問文とは、疑問詞を使った名詞節を含む文のことです。

第4章　助動詞

ルール 26
- 助動詞を使うことによって、可能や必然、義務などの意味が加わります。語順は＜主語＋助動詞＋動詞の原形＞です。助動詞と助動詞を一緒に使うことはできません。
- can には「〜できる」という「能力・可能」のほか、「〜してもよい」という「許可」や、「依頼」、「可能性・推量」の意味もあります。

ルール 27
- may には「〜してもよい」という「許可」や「〜かもしれない」という「推量」の意味があります。
- may の過去形の might は「推量」でよく使います。

ルール 28
- must は「〜しなければならない」という意味の助動詞で、「強い義務・必要」を表します。
- must に過去形はありません。must の否定は must not / mustn't で、「〜してはいけない」という「強い禁止」を表します。have to の否定は「〜しなくてよい」という意味を表します。
- must には「〜に違いない」という「推量」の意味もあります。

ルール 29
- should（〜すべきだ；〜した方がよい）は「弱い義務・必要」を表します。会話では一人称・二人称を主語にして使うことが多く、You should 〜だと、義務というより「助言・忠告」です。疑問文の Should I 〜?、Should we 〜? は相手の意見・助言を求めるときなどに使います。
- should は「きっと〜だろう；〜のはずだ」という「推量」の意味でも重要です。

ルール 30
shall は疑問文でよく使います。「私が〜しましょうか」という「申し出」では Shall I 〜?、「〜しませんか」という「提案」では Shall we 〜? を使います。

ルール 31
- could は can の過去形です。能力・可能の意味では、couldn't（〜できなかった）という過去の否定形でよく使います。
- can と同じ用法の「依頼」や「許可」の could も会話で必須です。

ルール 32 ☞ p.66

would には「よく~したものだ」という過去の習慣の意味もあります。used to ~にも同様の意味がありますが、「状態」を表すときに would は使いません。

第5章 代名詞

ルール 33 ☞ p.68

「人称代名詞」は I、we、you、he、she、it、they などの語で、I は主格、my は所有格、me は目的格というように、それぞれが格変化をします。

ルール 34 ☞ p.70

「所有代名詞」(~のもの) は名詞の繰り返しを避けるときなどに使い、<所有格+名詞>を表します。

ルール 35 ☞ p.70

「再帰代名詞」(~自身) は、動詞や前置詞の目的語になります。

ルール 36 ☞ p.72

- 「指示代名詞」は特定の人や物、内容などを指し示して使う語です。
- this / that はすでに話題に出た内容を指します。
- that のみの用法として、名詞の繰り返しを避けるため、<the + 名詞>の代わりに that を使うことがあります。
- those のみの用法として、those who ~で「~の人々」を意味します。

ルール 37 ☞ p.74

- 不定代名詞 one は、すでに話題に出た可算名詞の代わりに使う代名詞です。it や this、that と異なる点は、不特定の1つ[1人]を指すことです。
- other や another も不定代名詞です。
- some / any にも不定代名詞の用法があり、可算名詞・不可算名詞の両方で使えます。

ルール 38 ☞ p.76

- 「それ」という意味の it は、すでに話題に出た単数名詞、句、節などを指します。
- it には、時、季節、天候、寒暖、明暗、距離など、非人称を表す用法があります。漠然とした状況を表す it もあります。

ルール 39 ☞ p.76

it は形式主語や形式目的語としても使います。形式主語の用法は、主語として文頭に仮に it を置き、真の主語を後ろにもってくる構造です。

ルール 40 ☞ p.76
it には強調の用法もあります。＜It is ＋強調語句＋ that 節＞という構造です。強調語句の部分が人なら that の代わりに who も使えます。

第6章　冠詞・前置詞・接続詞

(CD 75)

ルール 41 ☞ p.78
- 数えられる名詞を可算名詞、数えられない名詞を不可算名詞と言います。
- 冠詞の役割はたった1つ、名詞を修飾する語ということです。a / an を不定冠詞、the を定冠詞と言います。

ルール 42 ☞ p.78
冠詞のルールの1つとして、例えば earth、weather、President、Internet など、「唯一の物」を表す名詞には a / an ではなく the がつきます。また、冠詞が不要な名詞もあります。

ルール 43 ☞ p.80
前置詞は名詞相当語句の前において使います。名詞相当語句というのは、名詞の働きをする語・句・節のことです。「節」とは＜主語＋動詞＞がある形で、「句」にはこの形はありません。

ルール 44 ☞ p.82
- look for ～（～を探す）のように、＜動詞＋前置詞［副詞］＞などの形で1つの動詞の働きをするものを句動詞と言います。
- 群前置詞と言って、2語以上で1つの前置詞の役割をする用法もあります。

ルール 45 ☞ p.84
「等位接続詞」には and、but、or、for があります。等位接続詞は＜A＋接続詞＋B＞の形で使い、「等位」の文字通り、AとBには文法的に対等の要素がきます。

ルール 46 ☞ p.86
「従位接続詞」には when、because、if、that などがあります。従位接続詞は文頭でも文の途中でも使えます。従位接続詞に続く節を従節、もう一方の節を主節と言います。

ルール 47 ☞ p.86
after、before、since など、接続詞と前置詞の両方の用法をもつ語もありますが、二者の違いとして、前置詞には語句が続き、接続詞には節が続きます。

第7章　不定詞

ルール 48 ... p.98

to 不定詞の名詞的用法は、「～すること」という意味を表し、名詞と同じように、主語・目的語・補語になることができます。

ルール 49 ... p.98

動詞と to 不定詞には相性があり、すべての動詞が目的語に to 不定詞をとれるわけではありません。

ルール 50 ... p.100

形容詞的用法の to 不定詞は常に名詞の後ろに置きます。「～するための」「～という」「～すべき」という意味になります。

ルール 51 ... p.102

to 不定詞の副詞的用法で、動詞を修飾するのは、「～のために」という「目的」、「その結果～」という「結果」を表す場合です。

ルール 52 ... p.102

to 不定詞の副詞的用法で、形容詞を修飾するのは、「～して」という「感情の原因」、「～するとは；～するなんて」という「判断の根拠」を表す場合などです。

ルール 53 ... p.104

to 不定詞を使う定型表現の代表的なものが、... enough to ～（～するのに十分…な）と too ... to ～（あまりに…なので～できない）です。

ルール 54 ... p.104

to 不定詞は、さまざまな疑問詞と結びついて、＜疑問詞 + to 不定詞＞の形で使うことができます。

ルール 55 ... p.106

知覚動詞・使役動詞ともに＜動詞＋目的語＋原形不定詞＞の形をとることができます。

ルール 56 ... p.106

完了不定詞は、to 不定詞が述語動詞よりも前のことを表すのに使います。＜ to have ＋動詞の過去分詞＞の形です。

第8章 動名詞・受動態・命令文

ルール57 ☞ p.108
動名詞は<動詞の原形 + ing>という形です。名詞と同じ働きをするので、主語、目的語、補語の役割をします。

ルール58 ☞ p.108
動名詞がto不定詞と大きく違うのは、前置詞に続けることができることです。

ルール59 ☞ p.110
動詞と動名詞・to 不定詞の関係は、動詞が目的語に①動名詞のみとる、②to 不定詞のみとる、③どちらもとって同じ意味、④どちらもとるが、動名詞・to 不定詞で意味が異なる、という4つのパターンがあります。

ルール60 ☞ p.112
受動態は<主語 + be 動詞 + 過去分詞 + by 〜>という形です。by の後ろには、その行為の主体がきます。意味としては「主語が by 以下に〜される」です。

ルール61 ☞ p.112
by 以下は、話者の間で了解済みの場合や、述べる必要のない場合には省略されます。

ルール62 ☞ p.114
by 以外の前置詞を使う受動態は、慣用的に決まった形のものが多く、前置詞とセットでイディオムとして覚えておくと便利です。

ルール63 ☞ p.114
感情表現を表す動詞は please、satisfy などは、能動態では「〜させる」という意味で、受動態で使うことで、be pleased (喜ぶ)、be satisfied (満足する) という意味になります。

ルール64 ☞ p.116
命令文は you という主語を置かずに、動詞の原形で始めます。

ルール65 ☞ p.116
否定の命令文は、動詞の原形の前に Don't を置いて、<Don't + 動詞の原形 〜>の形になります。

第9章　分詞・使役動詞・知覚動詞

ルール66 ☞ p.118
現在分詞は＜動詞 + ing＞、過去分詞は＜動詞 + ed＞で表します。現在分詞は「能動的」な意味を、過去分詞は「受動的」な意味を担います。

ルール67 ☞ p.118
現在分詞の役割は、①名詞を修飾する、②補語になる、③進行形をつくる、④分詞構文をつくる、の4つです。

ルール68 ☞ p.120
過去分詞の役割は、①名詞を修飾する、②補語になる、③受動態をつくる、④完了形をつくる、⑤分詞構文をつくる、の5つです。

ルール69 ☞ p.122
分詞構文の特徴は、①分詞で始まる、②主文との間にふつうコンマが入る、③＜接続詞＋主語＋述語動詞＞に置き換えられる、の3つです。

ルール70 ☞ p.122
分詞構文の分詞の主体、すなわち省略されている主語は、主文の主語に一致するのが原則です。もし、主文の主語に一致しない場合には、その主語を分詞の前に置いて示す必要があります。このような、主文と主語が一致しない分詞構文を独立分詞構文と呼びます。

ルール71 ☞ p.124
使役動詞を使う文の形は、＜S + 使役動詞 + O + 動詞の原形（現在分詞／過去分詞）＞となります。

ルール72 ☞ p.126
知覚動詞も＜S + 知覚動詞 + O + 動詞の原形（現在分詞／過去分詞）＞という形が使えます。

第10章　形容詞・副詞・比較

ルール73 ☞ p.138
形容詞には限定用法と叙述用法があります。限定用法というのは文字通り名詞を「限定」する用法で、＜形容詞＋名詞＞の形で名詞を説明します。

ルール74 ☞ p.138
叙述用法とは、形容詞が補語として使われる用法です。

ルール 75 ☞ p.140

many / much、few / little、several、enough などの形容詞を数量形容詞と言います。many は可算名詞に、much は不可算名詞に使います。few は可算名詞に、little は不可算名詞に使います。

ルール 76 ☞ p.140

interesting / interested、surprising / surprisedなど、動詞の現在分詞・過去分詞の形をした語を分詞形容詞と言い、通常の形容詞と同じ働きをします。

ルール 77 ☞ p.142

clearly、carefully など、語尾に -ly がつく語の多くは副詞です。<形容詞 + -ly >で副詞になる語はたくさんあります。

ルール 78 ☞ p.144

● 比較級は<比較級 + than ～>、最上級は< the +最上級+ in / of ～>の形が基本です。
● 比較変化は原級・比較級・最上級の3つで、tall だと tall - taller - tallest と変化します。difficult のような3音節以上の語には more / most を使います。difficult - more difficult - most difficult と変化します。

ルール 79 ☞ p.146

比べるものが同程度のときは、< as + 原級 + as >の形で表します。as と as の間には形容詞・副詞の原級を入れます。「原級」とは形容詞・副詞のもとの形のことです。

第11章　仮定法・時制の一致

CD 80

ルール 80 ☞ p.148

仮定法過去の「もし～なら…だろうに」は< If + S +動詞の過去形, S + would / could / might + 動詞の原形>が基本形です。

ルール 81 ☞ p.150

仮定法過去完了の「もし～だったなら…だったろうに」は< If + S + 動詞の過去完了形, S + would / could / might + 動詞の現在完了形>が基本形です。

ルール 82 ☞ p.150

「提案・要求」などを表す動詞や形容詞に続く that 節内では、主語が三人称単数でも、主節の動詞が過去形でも、「動詞の原形」を使うことがあります。この用法を「仮定法現在」と言います。

ルール 83 ☞ p.152
wish（～ならなあ；～だったらなあ）は仮定法とともに使う動詞の代表です。

ルール 84 ☞ p.152
as if、as though も仮定法とともによく使う表現で、「まるで～であるかのように；～であったかのように」という意味です。

ルール 85 ☞ p.152
＜It's time + 仮定法過去＞で「もう～してもよいころだ」の意味になります。

ルール 86 ☞ p.154
without ～は仮定法で使うと「～がなければ；～がなかったなら」という意味になります。

ルール 87 ☞ p.154
will と would のような直接法と仮定法の使い分けは、話し手がどれほど現実的と感じているかによると言えます。また、if のない文で仮定法かどうかを見極めるには、助動詞の過去形が重要なカギです。

ルール 88 ☞ p.154
if が省略されると主語と動詞が倒置され、＜Were / Had / Should + 主語 + 動詞＞の語順になります。

ルール 89 ☞ p.156
主節の過去時制に合わせて従節の動詞も過去形になる現象を「時制の一致」と言います。

ルール 90 ☞ p.156
before や after などの時を表す語句がある場合、時間の前後関係がはっきりしているので、時制の一致を受けないことがあります。

ルール 91 ☞ p.156
時の差に関係のない普遍の真理や、現在も習慣的に行われている事柄などでは、従節の動詞は時制の一致を受けません。

第12章　関係詞

ルール92 ☞ p.158
主格の関係代名詞は、＜先行詞＋関係代名詞＋動詞＞の語順です。関係代名詞が節中の動詞の主語の役割をします。関係代名詞 who は、先行詞が人のときに使い、物には that または which を使います。

ルール93 ☞ p.160
目的格の関係代名詞は、＜先行詞＋関係代名詞＋主語＋動詞＞の語順です。関係代名詞が節中の動詞の目的語の役割をします。

ルール94 ☞ p.160
who の「所有格」は whose で、先行詞が人でも物でも使えます。＜先行詞＋ whose ＋名詞＞の語順です。

ルール95 ☞ p.162
場所を表す先行詞には関係副詞 where を使います。

ルール96 ☞ p.162
- 時を表す先行詞には関係副詞 when を使います。
- 関係副詞 why の先行詞は reason ですが、why または reason がよく省略されます。
- 関係副詞 how の先行詞は本来は way ですが、way と how を一緒に使うことはできません。

ルール97 ☞ p.164
コンマのない用法は、関係詞節が前の先行詞を制限しているので「制限用法」と言います。コンマがある用法を「非制限用法」と言います。非制限用法では that は使えません。

ルール98 ☞ p.164
非制限用法の which は、名詞だけでなく直前の文の一部や文全体を先行詞とすることがあります。

ルール99 ☞ p.166
目的格の関係代名詞はよく省略されます。

ルール100 ☞ p.166
関係副詞 when / where について、先行詞が the time、the place のとき、これらの先行詞は省略されることがあります。

文法用語索引

あ
一人称 …………………………… **68**
一般動詞の疑問文 ……………… **38**

か
格変化（関係代名詞）………… **160**
格変化（人称代名詞）…………… **68**
過去完了形 ……………………… **36**
過去完了進行形 ………………… **34**
過去時制 ………………………… **32**
過去進行形 ……………………… **34**
過去の習慣 ……………………… **66**
過去分詞 ………………… **118, 120**
可算名詞 ………………………… **78**
仮定法 …………………………… **148**
仮定法過去 …………………… **148**
仮定法過去完了 ……………… **150**
仮定法現在 …………………… **150**
関係詞 ………………………… **158**
関係詞節 ……………………… **158**
関係代名詞の主格・目的格・所有格 … **158**
関係代名詞（目的格）の省略 … **160, 166**
関係副詞 ……………………… **162**
関係副詞の省略 ……………… **162**
冠詞 ……………………………… **78**
感情表現を表す動詞 ………… **114**
間接疑問文 ……………………… **46**
間接目的語 ……………………… **26**
間投詞 …………………………… **56**
完了不定詞 …………………… **106**
完了分詞構文 ………………… **122**
規則動詞 ………………………… **32**
義務・必要 ……………………… **62**
疑問詞疑問文 …………………… **40**
疑問詞 + to 不定詞 …………… **104**
疑問文 …………………………… **32**
強調の用法の it ………………… **76**
句・節 ……………………… **56, 80**
句動詞 …………………………… **82**
群前置詞 ………………………… **82**
形式主語の it …………………… **76**
形式目的語の it ………………… **76**
継続用法 ……………………… **164**
形容詞 ………………………… **138**
結果・完了、経験、継続 ……… **36**
原因・理由（接続詞）…………… **86**
原級 ……………………… **144, 146**
原形不定詞 …………………… **106**
現在完了形 ………………… **32, 36**
現在完了進行形 ………………… **34**
現在時制 ………………………… **28**
現在進行形 ……………………… **28**
現在分詞 ……………………… **118**
限定詞（the、another）……… **74**
限定詞（指示代名詞）………… **72**

197

限定用法（形容詞）	**138**	進行形	**34**
限定用法（関係詞）	**164**	真の主語	**76**
肯定文	**47**	数量形容詞	**140**

さ

再帰代名詞	**70**	制限用法	**164**
最上級	**144**	接続詞	**84**
三人称・単数名詞	**28**	接続副詞	**84**
三人称単数現在の (e)s	**28**	先行詞	**158**
子音	**32**	先行詞の省略	**166**
使役動詞	**106, 124**	選択疑問文	**40, 46**
指示代名詞	**72**	前置詞	**80**
時制の一致	**156**	相関接続詞	**84**
時制の一致の例外	**156**		

た

自動詞	**20**	代名詞	**68**
従位接続詞	**84**	他動詞	**20**
修飾語	**18**	短縮形	**31**
従節	**32, 86**	知覚・感情・心理を表す動詞	**34**
主格（人称代名詞）	**68**	知覚動詞	**106, 126**
熟語	**82**	直接法	**148**
主語	**18**	直接目的語	**26**
主節	**32, 86**	提案・要求を表す動詞	**150**
述語動詞	**106**	定冠詞	**78**
受動態	**112**	等位接続詞	**84**
譲歩・条件（接続詞）	**86**	同格の that	**86**
助言・忠告、申し出、提案	**64**	動詞	**18**
叙述用法（形容詞）	**138**	動詞の ing 形	**34**
序数詞	**140**	（動詞の）過去形	**32**
助動詞	**58**	動詞の過去分詞	**36**
所有格（人称代名詞）	**68**	（動詞の）原形	**28**
所有代名詞	**70**	倒置（仮定法）	**154**
		動名詞	**108**

独立分詞構文 …………………… **122**

な
二人称 …………………………… **68**
人称代名詞 ……………………… **68**
能動態 …………………………… **112**
能力・可能、許可、依頼、可能性、推量… **58**

は
比較級 …………………………… **144**
比較変化 ………………………… **144**
非制限用法 ……………………… **164**
否定疑問文 ……………………… **46**
否定の命令文 …………………… **116**
否定文 …………………………… **32**
非人称の it ……………………… **76**
品詞 ……………………………… **56**
付加疑問文 ……………………… **46**
不可算名詞 ……………………… **78**
不規則動詞 ……………………… **32**
複合関係形容詞 ………………… **166**
複合関係詞 ……………………… **166**
複合関係代名詞 ………………… **166**
複合関係副詞 …………………… **166**
副詞 ……………………………… **142**
副詞句 …………………………… **122**
不定冠詞 ………………………… **78**
不定代名詞 ……………………… **74**
文型 ……………………………… **20**
分詞 ……………………………… **118**
分詞形容詞 ……………………… **140**
分詞構文 ………………………… **122**

補語 ……………………………… **18**
本動詞 …………………………… **58**

ま
未来完了形 ……………………… **36**
未来時制 ………………………… **30**
未来進行形 ……………………… **34**
無冠詞 …………………………… **78**
名詞 ……………………………… **78**
名詞句 …………………………… **80**
名詞節 …………………………… **80**
名詞相当語句 …………………… **80**
（名詞・代名詞の）複数形 ……… **72**
命令文 …………………………… **116**
目的格（人称代名詞） ………… **68**
目的語 …………………………… **18**

A〜Z
be 動詞 ………………………… **22**
be 動詞の疑問文 ……………… **38**
be 動詞の命令文 ……………… **116**
Let's ＋ 動詞の原形〜 ………… **116**
that 節 ………………………… **86**
to 不定詞 ……………………… **98**
to 不定詞の形容詞的用法 …… **100**
to 不定詞の副詞的用法 ……… **102**
to 不定詞の名詞的用法 ……… **98**
to 不定詞の目的、結果、感情の原因、
　判断の根拠 ………………… **102**

●著者紹介

成重 寿　Hisashi Narishige
三重県出身。英語教育出版社、海外勤務の経験を生かして、TOEICを中心に幅広く執筆・編集活動を行っている。著書は『TOEIC TEST 英単語スピードマスター』、『TOEIC TEST 英熟語スピードマスター』、『新 TOEIC TEST リーディング スピードマスター』、『新 TOEIC TEST リスニング スピードマスター』、『TOEIC TEST ビジネス英単語 Lite』、『魔法の英会話』共著（以上、Jリサーチ出版）など。

入江 泉　Izumi Irie
大阪生まれ、ニュージーランド在住。1997年に小・中学参書界に入り、2005年東京にて独立。以降、学校英語や英検、TOEICなどの教材執筆・編集・校正者として活躍。中学生対象の模擬テストを多数作成。著書に『まずは500点突破！ 新 TOEIC TEST リスニングスコアアップ大作戦』（語研）、『魔法の英会話』共著（Jリサーチ出版）、『すっきりわかる中学英語長文1～3年』（旺文社）など。

カバーデザイン	滝デザイン事務所
本文デザイン＋DTP	江口うり子（アレピエ）
本文イラスト	いとう瞳
英文校閲	Joel Patrick Rian

J新書⑨
魔法の英文法

平成22年（2010年）4月10日発行　初版第1刷発行
平成22年（2010年）11月10日　　　　第2刷発行

著　者	成重　寿／入江　泉
発行人	福田富与
発行所	有限会社　Jリサーチ出版
	〒166-0002 東京都杉並区高円寺北2-29-14-705
	電　話　03(6808)8801(代)　FAX 03(5364)5310
	編集部　03(6808)8806
	http:www.jresearch.co.jp
印刷所	㈱シナノ パブリッシング プレス

ISBN978-4-86392-006-4　禁無断転載。なお、乱丁・落丁はお取り替えいたします。
©Hisashi Narishige, Izumi Irie 2010 All rights reserved.